HUNGRIA 1956

HUNGRIA 1956
... e o muro começa a cair

Ladislao Pedro Szabo
(organizador)
Angelo Segrillo
Maria Aparecida de Aquino
Pedro Gustavo Aubert

Copyright© 2006 Ladislao Szabo

Todos os direitos desta edição reservados à
Editora Contexto (Editora Pinsky Ltda.)

Capa e Diagramação
Antonio Kehl

Revisão
Lilian Aquino
Ruth M. Kluska

Dados Internacionais de Catalogação na Publicação (CIP)
(Câmara Brasileira do Livro, SP, Brasil)

Segrillo, Angelo
  Hungria 1956: ...e o muro começa a cair / Angelo Segrillo, Maria Aparecida de Aquino, Pedro Gustavo Aubert ; Ladislao Szabo, (org.). — São Paulo : Contexto, 2006.

Bibliografia.
ISBN 85-7244-341-X

  1. Hungria - História   2. Hungria - Política e governo.   I. Aquino, Maria Aparecida de.   II. Aubert, Pedro Gustavo.   III. Szabo, Ladislao. IV. Título.

06-5667   CDD-943.9

Índices para catálogo sistemático:
1. Hungria : Política e governo : 1956 :
História 943.9

EDITORA CONTEXTO
Diretor editorial: *Jaime Pinsky*

Rua Acopiara, 199 – Alto da Lapa
05083-110 – São Paulo – SP
PABX: (11) 3832 5838
contexto@editoracontexto.com.br
www.editoracontexto.com.br

2006

Proibida a reprodução total ou parcial.
Os infratores serão processados na forma da lei.

SUMÁRIO

PREFÁCIO: UMA REVOLUÇÃO DE VERDADE 7
Nelson Ascher

CAMINHADO PARA A REVOLUÇÃO 11
Ladislao Szabo

A Hungria como nação 12

A implantação do socialismo na Hungria 13

O melhor aprendiz de Stalin: Mátyás Rákosi 18

Uma sociedade stalinista 21

Mecanismos de repressão 27

Vida cultural na era Rákosi 29

Economia stalinista 32

Debate em Moscou 34

O novo primeiro-ministro: Imre Nagy 36

O primeiro governo de Imre Nagy: o novo curso 39

Em busca de uma base de apoio 42

A volta do stalinismo na Hungria 44

A ação dos escritores 46

As idéias de Imre Nagy 47

O ANO DE TODAS AS POSSIBILIDADES 53

Angelo Segrillo

O xx Congresso do PCUS e a desestalinização aberta 53

Khrushchev na corda bamba 57

A Hungria em 1956 58

13 dias que abalaram o mundo socialista (23 out. – 4 nov.) 60

Posfácio 90

Um balanço final: a Hungria e o mundo em 1956 91

VISÕES E REPERCUSSÕES 105

Maria Aparecida de Aquino e *Pedro Gustavo Aubert*

Algumas das principais repercussões internacionais 106

Impacto do levante húngaro no Brasil 112

O levante húngaro na imprensa 124

Visões sobre o levante húngaro no Brasil 135

FONTES E BIBLIOGRAFIA 151

ANEXO 1: A INVASÃO DA HUNGRIA 155

Angelo Segrillo

ANEXO 2: RESOLUÇÃO SOBRE A SITUAÇÃO NA HUNGRIA 167

Comitê Central do Partido Comunista do Brasil

ANEXO 3: O SANGUE DOS HÚNGAROS 169

Albert Camus

LISTA DE SIGLAS E ABREVIATURAS 171

OS AUTORES 173

AGRADECIMENTOS 175

PREFÁCIO:
UMA REVOLUÇÃO DE VERDADE

A revolução popular e nacional que eclodiu na Hungria em fins de 1956 – e que foi logo esmagada pelas forças do Pacto de Varsóvia – teve significados diferentes para os diversos participantes e observadores.

Para a maioria dos húngaros, seu caráter era patriótico, democrático e libertador. Sua irrupção decorreu das pressões insuportáveis tanto do ocupante soviético quanto de seus colaboradores locais sobre a sociedade inteira e sobre absolutamente todos os aspectos da vida individual e coletiva. Para as lideranças soviéticas, ela sinalizou a insatisfação geral dos povos que o Exército Vermelho sujeitava, mesmo aqueles que, de início, haviam recebido suas tropas como força de libertação. Essas lideranças e seus clientes locais aprenderam, a partir de 1956, a trilhar a via cada vez mais estreita entre a repressão e algum tipo de incentivo ou recompensa, de modo que os aspectos mais desvairados de sua reengenharia social começaram de fato a ser postos de lado.

Fora do bloco soviético, muitos militantes e "companheiros de viagem", cujo apoio à convicção ideológica ou ao papel da URSS na derrota do nazismo era incondicional, deixaram de acreditar na benevolência pura e simples do sistema e abandonaram seus respectivos partidos comunistas em legiões, algo que, em tal escala, não se via desde os expurgos dos anos 1930. O restante do mundo provavelmente assistiu à luta heróica, mas de antemão condenada, de um pequeno país contra uma superpotência.

Há meio século de distância, se bem que nenhuma das avaliações anteriores deixou de ter sentido, o ano 1956 se apresenta como algo diverso.

A Revolução húngara prenunciava, entre outras coisas, a queda em 1989 do Muro de Berlim acompanhada da derrocada da União Soviética e do "socialismo real" e o ressurgimento do nacionalismo e/ou do patriotismo tradicional. Melhor, levava a constatar que, não obstante a repetição insistente das palavras de ordem internacionalistas, o apego ao estado-nação não se aboliria tão cedo (nem seria sempre desejável). E a espontaneidade e amplitude da adesão popular advertiam quem tivesse olhos para ver que programas utópicos entre cujas metas se encontrem a reorganização de sociedades inteiras e a transformação radical dos homens e da natureza humana, sobretudo se impostos de cima para baixo, têm, a longo prazo, chances mínimas de sucesso.

Aliás, sendo um grande embaraço empírico para os que sustentavam as doutrinas que a insurreição desmascarara, esta e os fatos que a integravam, em vez de serem refutados ou mesmo deformados pelos ideólogos, foram simplesmente silenciados. Até o colapso dos regimes de partido único europeus, o tema, principalmente na própria Hungria, seguiu sendo um tabu.

O ano de 1956 foi um ponto rumo ao qual convergiram linhas de força variadas. Sua razão de ser e sua dinâmica se entrelaçam com a complexa história húngara que antecedeu a revolução. Sócia minoritária, de 1867 até 1918, de um império multinacional razoavelmente viável (a Monarquia Dual dos Habsburgo), a Hungria foi envolvida meio que a contragosto numa conflagração que não lhe prometia ou assegurava nada: a Primeira Guerra Mundial. Dito e feito: malgrado ter sido um contendor menor, ela esteve entre os que foram mais severamente punidos pelos vencedores, perdendo para seus vizinhos 2/3 de seus territórios e metade de sua população.

O trauma ocasionado por tamanha punição, reforçado por suas conseqüências práticas, converteu a necessidade de revogar essa sentença no tema dominante da política húngara do entre-guerras. Catastroficamente, essa obsessão tornou quase inevitável que, seduzida pelas promessas de uma Alemanha que, a partir de 1933, com a chegada dos nazistas ao poder, também lançava mão de reivindicações semelhantes para mobilizar sua população, a Hungria aderisse à campanha expansionista do Terceiro Reich e acabasse participando de outra guerra que não lhe dizia respeito e que se contrapunha a seus interesses legítimos. O preço pago por se aliar à invasão da URSS, além de perdas militares e civis devastadoras, foi a incorporação do país ao bloco soviético.

Sua economia, que principiava, nos anos 1930, a se adaptar engenhosamente às condições geradas pelo desfecho da Primeira Guerra (e agravadas pela crise de 1929), sofreu imensamente com a seguinte e, após um breve e bem-sucedido período de reconstrução que, na segunda metade dos anos 1940, solucionou inclusive a pior hiperinflação que já ocorreu, teve – sem pausa sequer para recuperar o fôlego – de se submeter aos insanos dogmas econômicos ditados por Moscou. Em decorrência disso, uma nação potencialmente próspera viu-se reduzida a um empobrecimento compulsório. Convém não ignorar esse fator como um dos principais no rol dos que precipitaram os eventos de 1956 e, tanto antes como depois da insurreição, estimularam uma emigração substancial, um autêntico *brain-drain* [fuga de cérebros] que privou o país de parcela substancial e insusbstituível de seu capital humano.

Algumas poucas semanas de rebelião convenceram igualmente os poderosos locais de que suas teorias, sua visão de mundo e o sistema que tentavam impor não contariam jamais com qualquer apoio popular. Os anos seguintes foram, portanto, marcados pelo cinismo e, em todos os níveis, pela acomodação, enquanto todos, talvez até membros da hierarquia partidária, aguardavam o colapso – demorado e sempre adiado, mas inevitável – do centro, ou seja, da URSS. Essas longas décadas propiciaram aos húngaros (bem como aos tchecos, alemães orientais, poloneses etc.) uma espécie singular de experiência política, uma capacidade de conviver com adversidades irremediáveis, frustrações crônicas e humilhações cotidianas, enfim, uma sabedoria empírica que os tornou e tampouco tem cessado de mantê-los alertas e saudavelmente impermeáveis a promessas irrealizáveis ou a soluções pretensamente miraculosas (que só funcionam na teoria) para problemas complexos, arraigados, e também à grandiloqüência de ideólogos e/ou demagogos.

Em tempos como o nosso, em que, beneficiando-se da desmemória e da amnésia seletiva que, curiosamente/paradoxalmente, parecem afetar antes cidadãos que vivem em democracias (e não apenas as recentes) do que o súdito médio de qualquer tirania convencional, certas idéias e ideologias previamente testadas e devidamente reprovadas ensaiam – mostrando-se capazes de seduzir (em especial na Europa e na América Latina) massas crescentes de gente bem-intencionada – um retorno não raro ruidoso, a Revolução húngara de 1956 merece ser revisitada, pois suas lições continuam atuais.

Nelson Ascher

CAMINHANDO
PARA A REVOLUÇÃO

Ladislao Szabo

Em 1956, logo após o processo de desestalinização de Khrushchev na URSS, um acontecimento inédito sacudiu o mundo socialista: um país do Leste Europeu se levantou em massa contra o domínio soviético. De 23 de outubro a 4 de novembro de 1956 a Hungria, então uma democracia popular, insurgiu-se contra a orientação soviética e procurou instaurar um sistema político com características próprias, uma democracia pluripartidária dentro de um Estado de bem-estar social, apoiada em conselhos operários e na liberdade de imprensa. Nesses 13 dias a população se organizou e enfrentou o exército soviético, obrigando-o a uma retirada parcial.

O que levou a esse levante? Para se entender como foi possível o grande movimento de massa na Hungria em 1956 é preciso situá-lo no contexto histórico maior em que estava inserido. Em primeiro lugar, rever as características da Hungria como nação desde séculos atrás; depois, estudar como a Hungria passou, após da Segunda Guerra Mundial, de uma insipiente democracia ao stalinismo mais radical entre os países sob influência soviética.

Este capítulo apresenta os principais fatos que ocorreram na Hungria entre 1945 e 1956, com o objetivo de mostrar não só as razões que levaram ao levante, mas também uma visão panorâmica de uma sociedade stalinista – nesse caso a húngara, com seu líder máximo, Mátyás Rákosi –, como se deu sua instalação por meios autoritários e ainda como era viver naquele país, destacando-se os mecanismos de repressão do stalinismo húngaro. Relata também a resistência, centrada na figura e nas idéias de Imre Nagy, expostas

A HUNGRIA COMO NAÇÃO

através de seus escritos e discursos, as quais podem indicar o tipo do socialismo que Nagy pretendia implantar na Hungria.

Os magiares eram um povo de origem eurasiana que migrou para a bacia dos Cárpatos no século X e tornou-se cristão no século XI. Devido a sua posição geográfica, eles representaram a fronteira, a interface, entre Ocidente e Oriente, entre Europa e Ásia, entre cristianismo e islamismo. Isso se refletiria no comportamento e na mentalidade dos húngaros em 1956, quando caminharam nas sombras e nos limiares entre capitalismo e socialismo, Europa Ocidental e Oriental. Não seria a primeira vez na história que os húngaros teriam que se balançar entre dois mundos, sofrendo pressão de ambos os lados.

O reino da Hungria, estabelecido por Estevão I, em 1000 d.C., desenvolveria uma cultura própria na Europa Central em intercâmbio com a da Europa Ocidental. Entretanto, a situação "de fronteira" faria com que a Hungria sofresse pressões militares do Oriente. Em 1241-1242 houve a invasão mongol. No século XVI, os turcos otomanos conquistaram a maior parte do país, com o restante caindo sob domínio da casa dos Habsburgos da Áustria. Com o fim do jugo otomano (1526-1718), então, toda a Hungria estava sob o poder Habsburgo. O movimento pela independência húngara atingiria seu ápice durante a revolução de 1848. O levante de Lajos Kossuth e outros chegaram a proclamar a independência, mas o imperador austríaco Francisco José pediu ajuda ao czar Nicolau I. As tropas russas esmagaram o levante. Essa atuação dos russos em 1848 deixaria marcas no inconsciente coletivo político húngaro que ecoariam em 1956...

Apesar da derrota militar em 1848, as continuadas pressões autonomistas levaram ao firmamento do Compromisso de 1867, ou Ausgleich, que transformava o Império Habsburgo em uma monarquia dual austro-húngara. A Áustria e a Hungria teriam governos internos separados, com um monarca e ministérios do Exterior e da Guerra comuns. A monarquia dual duraria até a Primeira Guerra Mundial, quando a derrota levou à criação de uma Hungria independente republicana, que logo passaria por convulsões sociais, as quais conduziram ao breve governo de Béla Kun,[1] comandante de uma malograda tentativa, em apenas 131 dias, de transformar a Hungria em uma República Soviética.

Kun assumiu com poderes ditatoriais em 21 de março de 1919, após o colapso da recém-proclamada República, e procurou construir uma sociedade socialista aliada à URSS, nacionalizando os transportes e os meios de produção, que seriam controlados por comissários do Partido e por conselhos operários, administrando o sistema financeiro e estatizando as terras, sem permitir a divisão em lotes, fato que desagradou profundamente os camponeses. Deu igualdade de direitos a ambos os sexos, introduziu o regime de trabalho de oito horas e proibiu o trabalho infantil; o ensino tornou-se universal e gratuito, tendo promovido uma grande campanha contra o analfabetismo (Hoensch, 1996; Romsics, 1999). Como o país estava sendo invadido pelos vizinhos, que queriam – e conseguiram – conquistas territoriais, Kun reorganizou o exército, conseguindo inicialmente significativas vitórias, porém não obteve o aguardado auxílio do Exército Vermelho soviético, não impedindo, assim, o avanço inimigo, superior em número e apoiado pelas potências vencedoras da Primeira Guerra Mundial.

A República Soviética da Hungria durou até primeiro de agosto de 1919. Como Kun lançou mão da violência e do terror para realizar suas transformações sociais, a população húngara guardou lembranças ruins de seu governo e, conseqüentemente, dos comunistas.[2]

Kun sabia por que defendia as fronteiras: em quatro de junho de 1920 a Hungria é obrigada a assinar o Tratado de Trianon, perdendo dois terços de seu território e tendo que submeter ao domínio dos países vizinhos pelo menos quatro milhões de húngaros étnicos.[3]

No entreguerras, o crescente clima autoritário vindo no bojo da crise econômica da década de 1930 refletiu-se na Hungria do regente almirante Horthy. A ameaça da proximidade da Alemanha nazista (que dominava a Áustria) forçaria o país a entrar em sua órbita, que esperava, com a ajuda do Eixo, recuperar os territórios perdidos após a Primeira Guerra Mundial. O resultado seria a participação magiar ao lado da Alemanha na Segunda Guerra Mundial.

E o resultado da participação da Hungria na Segunda Guerra seria sua derrota e ocupação pelas tropas soviéticas. O drama em direção a 1956 começava.

A IMPLANTAÇÃO DO SOCIALISMO NA HUNGRIA

Os tanques soviéticos trouxeram não apenas os vencedores da guerra, mas também um novo sistema social. A implantação do socialismo na Hungria não se deu a partir de um movimento de massa autóctone (como na Rússia) ou em um país que antes da Guerra já tinha, em termos relativos da Europa Oriental, um nível industrial razoável, um movimento operário

HUNGRIA 1956

forte e um partido comunista consolidado e influente (como a Tchecoslováquia). O fato de o socialismo ter chegado à Hungria de fora (ainda mais por meio de tanques) não poderia deixar de ter conseqüências importantes na maneira como esse sistema seria absorvido pela população. O cardeal Mindszenty descreve em suas memórias o comportamento dos soldados soviéticos que marcaram profundamente a população:

> Nesses primeiros dias observei de minha janela as manifestações da alma bolchevista e os feitos dos soldados invasores, que solitários ou em grupo invadiam as residências armados com metralhadoras. Arrombavam as portas que os moradores amedrontados trancavam. Dentro encostavam os homens à parede e partiam em busca das mulheres, vinho, valores e comida que tinham sido escondidos. Suas mãos estendiam-se em direção a qualquer objeto transportável. Arrancavam relógios, anéis, jóias femininas das mãos e dos pescoços e tiravam outros objetos com algum valor das gavetas enquanto apontavam a metralhadora para o peito do proprietário. Ocorreram muitas mortes, principalmente em defesa das mulheres. Durante o dia e principalmente durante a noite ouço na vizinhança o grito das mulheres atacadas e arrastadas. A cidade e seus arredores são pilhados por soldados embriagados. (Mindszenty, 1974, p. 55).

Essas condições apontariam para a necessidade de cuidado na implantação do sistema para que fosse bem recebido na nova pátria. A princípio parecia que esse cuidado estava sendo tomado! Em 1945, quando os soviéticos ainda eram aliados de guerra dos países ocidentais e não estava claro como se desenvolveriam suas relações no futuro, Stalin não procedeu de imediato à implantação de um sistema monopartidário comunista nas novas repúblicas populares. Na Hungria, o governo de ocupação soviético concentrou as punições pesadas sobre os líderes e capitalistas fascistas e os grandes latifundiários. Um departamento de polícia política, chamado de Departamento da Proteção ao Estado, em húngaro ÁVO, posteriormente ÁVH, foi criado e dirigido pelo comunista Gábor Péter, que recrutara o inglês Kim Philby para a Internacional Comunista no pré-guerra e, mais tarde, se revelaria um dos mais cruéis torturadores do regime comunista húngaro. A ÁVO levou, entre 1945 e 1950, 60 mil pessoas a julgamento, das quais 10 mil foram aprisionadas e 189 executadas. Tais prisões muitas vezes significavam a eliminação dos opositores ao novo regime. Contra quem não conseguiam levantar provas simplesmente enviavam a campos de internação.

As eleições para o parlamento de 4 de novembro de 1945 foram multipartidárias. Nelas, o Partido dos Pequenos Proprietários Rurais recebeu 60% dos votos, enquanto os comunistas receberam 17%, os social-democratas 16% e o Partido Nacional Camponês 5,6%.

O grande vencedor foi o Partido dos Pequenos Proprietários Rurais, que poderia compor um governo com os social-democratas ou com o Partido Nacional Camponês, mas os soviéticos comunicaram que desejavam um governo de coalizão nacional, em que o Ministério do Interior pertencesse ao Partido Comunista, o qual manteria, assim, o comando da polícia, apesar de o partido majoritário reclamar esse ministério para si e, por intermédio da polícia, o controle do país e de seu destino. Em artigo escrito em 1949, o dirigente comunista József Révai admitiu que a tomada do poder fora possível pelo fato de o Partido Comunista Húngaro controlar a polícia (Irving, 1986).

Os pequenos proprietários tiveram de escolher entre a cooperação e a confrontação. Acreditando na breve retirada das tropas soviéticas depois da assinatura do tratado de paz, optaram pelo primeiro. O presidente do Partido dos Pequenos Proprietários, Zoltán Tildy, compôs um governo com os comunistas, ficando o seu Partido com sete ministérios, deixando três com os social-democratas, três com os comunistas e um com os camponeses (Romsics, 1999).

A principal ação da nova liderança tinha de ser a implantação de nova forma de Governo, já que, legalmente, a Hungria ainda era uma monarquia. Os partidos de esquerda propunham uma república, mas os pequenos proprietários oscilavam. A Igreja Católica defendia a monarquia e solicitava um referendo popular, porém coube ao parlamento decidir pela república, tendo essa um presidente com poderes limitados.

Em 1946 foi escolhido para presidir a nova república o presidente do Partido dos Pequenos Proprietários Rurais, Zoltán Tildy, um homem de 57 anos que procurava a conciliação e evitava confrontos, cujo ideal político era uma democracia baseada nos camponeses e na pequena burguesia e que entendeu que tinha de manter relações cordiais com a União Soviética. Seu primeiro-ministro, Ferenc Nagy, secretário-geral do mesmo partido, de 43 anos, era o primeiro homem de origem camponesa a assumir função semelhante. Em linhas gerais, o Partido dos Pequenos Proprietários Rurais visava, a longo prazo, a um projeto de aproximação com os Estados Unidos, e não com a URSS, e a rejeição de propostas radicais de socialismo, o que criava atritos com os outros partidos que compunham o governo de coalizão.

Foi a partir da escalada de tensões que levou à eclosão da Guerra Fria em 1946-1947 que os soviéticos resolveram "apertar os parafusos" nas eleições de 1947 e 1948 no Leste Europeu para levar à instalação de regimes monopartidários ou de partido hegemônico. Nesses países, os comunistas, mesmo quando minoritários nos gabinetes governamentais, sempre tiveram influência dominante, em especial nos países perdedores da guerra, onde o governo de ocupação soviético era o árbitro final das questões. Para comandar essa transição Moscou indicou Mátyás Rákosi, Ernö Gerö, József Révai, Mihály Farkas e Imre Nagy, todos "moscovitas", isto é, comunistas húngaros que se tinham exilado em Moscou, sendo Rákosi o escolhido por Stalin para ser o dirigente principal.

A partir do momento em que a Guerra Fria fora "declarada" abertamente (através da doutrina Truman de março de 1947), os soviéticos deixaram de lado a manutenção das aparências formais de multipartidarismo e passaram a aplicar pressões cada vez mais intensas rumo ao monopartidarismo.

Os chamados formadores de opinião não ligados ao Partido Comunista começaram a se preocupar com a influência cada vez mais decisiva deste e com os recuos e as incertezas do Partido dos Pequenos Proprietários. O cardeal Mindszenty declarou: "[...] na vida pública húngara encontramos muitas, mas muitas evidências que estão em oposição aos princípios da democracia [...] parece que na Hungria uma tirania totalitária foi substituída por uma outra" (Mindszenty, 1974, p. 100).

Percebendo o processo de sovietização, um número significativo de personalidades começou a deixar o país, como o secretário-geral do Partido Nacional Camponês Imre Kovács, o presidente do parlamento Bela Varga e o dirigente social-democrata Károly Peyer. A surpresa maior foi o não retorno do primeiro-ministro Ferenc Nagy em 30 de maio de 1947 de uma viagem à Suíça, depois que seu substituto, Matyas Rákosi, acusou-o por telefone de conspirar contra a República e ofereceu, em caso de renúncia, a saída de sua família do país.

Depois de os principais líderes do Partido dos Pequenos Proprietários terem sido presos ou exilados, o Partido Comunista tentou mais uma vez chegar ao poder através do voto, declarando publicamente que a sua meta era o socialismo. Para tanto solicitou novas eleições, marcadas para 31 de agosto de 1947.

Essas eleições, realizadas após vários expurgos e perseguições aos membros de outros partidos, tiveram os comunistas como mais votados (22,3%), mas com outros partidos recebendo expressivas votações: Partido Democrático Popular (16,4%), Partido dos Pequenos Proprietários Rurais (15,4%), social-democratas (14,9%), Partido Nacional Camponês (8,3%).

Acatando as instruções de Stalin de acelerar o processo de implantação do socialismo e entendendo que não chegaria ao poder através de eleições, o

Partido Comunista muda de tática: em vez da tomada de poder lenta e gradual, opta pela eliminação dos mecanismos democráticos até a obtenção total do poder na Hungria. Para que isso acontecesse, propôs a unificação dos dois partidos operários, o Comunista e o Social-democrata, o que, na prática, significava a extinção deste último, ocorrida em 12 de junho de 1948.

Com a unificação, surge o Partido dos Trabalhadores da Hungria (PTH[4]), tendo como secretário-geral[5] Mátyás Rákosi, seus substitutos o comunista húngaro vindo de Moscou Mihály Farkas, o comunista local János Kádár[6] e o ambicioso social-democrata "companheiro de viagem" György Marosán. O PTH declara ser marxista-leninista, tendo como meta a construção do socialismo, e para tanto propõe acelerar as estatizações e planejar a economia mediante planos qüinqüenais, aprofundando ao mesmo tempo o processo de afastamento dos "elementos reacionários" da administração pública. Mas, mesmo sob outro nome, o novo partido era o Partido Comunista Húngaro.

Para liquidar definitivamente o sistema pluripartidário é composta uma frente popular cujo presidente é Mátyás Rákosi e o secretário-geral é László Rajk. Todos os políticos remanescentes ligam-se a essa frente, que, em 15 de março de 1949, declara se submeter à liderança do Partido dos Trabalhadores da Hungria, visando à construção do socialismo, e afirmam que na eleição seguinte teriam candidatos comuns.

Como o Partido Comunista Húngaro não conseguiu chegar ao poder pela via democrática, nem mesmo praticando arbitrariedades e ilegalidades, formula outra justificativa: a nação húngara deveria aceitar um sistema político "superior" em nome do progresso e de um futuro melhor, pois o que interessava não era o regime democrático, mas seu conteúdo, que serviria aos interesses da classe operária, interesses esses que só o Partido sabia reconhecer em sua totalidade.

Uma onda de terror atinge os sindicatos e as igrejas, que têm suas escolas estatizadas; as ordens religiosas são dissolvidas, os mosteiros e grande parte dos seminários são fechados; dificulta-se a publicação de literatura de caráter religioso e, no Natal de 1948, por ordem do então ministro da Justiça János Kádár, condena-se à prisão perpétua o cardeal József Mindszenty. Dois anos depois, seu sucessor, o cardeal József Grösz, tem o mesmo destino; também é preso o líder da Igreja Luterana, Lajos Ordass, e é silenciado o líder da Igreja Reformada, László Ravasz; milhares de padres, freiras e pastores são presos, e são colocadas à frente das Igrejas pessoas amedrontadas, dispostas a colaborar.

Mátyás Rákosi é o principal e único líder do país. Ter o controle sobre a polícia política, a ÁVO, mais tarde rebatizada de ÁVH, foi o fundamental nesse processo, razão pela qual Rákosi declara: "[...] essa é a única instituição em que mantivemos a direção total e que negamos aos outros partidos da coalizão a participação proporcional na sua direção" (apud Bartosek, in Courtois et al., 2001, p. 406).

Em março de 1948, empresas com mais de cem funcionários são estatizadas, o que significa, na prática, a implantação da economia estatal. A imprensa é censurada, as organizações que poderiam expressar as opiniões da sociedade civil têm sua atuação restrita. Não poderia haver mais dúvidas de que o país adotava o modelo soviético, fato que Rákosi declara publicamente: "[...] nos próximos 3 ou 4 anos devemos conduzir 90% dos camponeses a cultivar as terras dentro de um padrão socialista" – era o sinal para a coletivização dos campos. Afirma também que "quem tiver um outro programa que a construção do socialismo, não é oposição, mas inimigo do povo húngaro", e explica que "democracia popular" era apenas uma forma da "ditadura do proletariado", portanto não haveria transição do capitalismo para o socialismo (Rainer, 1996, pp. 402, 403 e 406). A República da Hungria transforma-se na República Popular da Hungria.

O MELHOR APRENDIZ DE STALIN: MÁTYÁS RÁKOSI

Estima-se que havia entre trezentos mil a meio milhão de fotografias de Mátyás Rákosi espalhadas por toda a Hungria:

> [...] todo escritório, secretaria, sala de aula, loja, vitrine, estação de trem, café, bar, sindicato, redação, indústria, portaria, vestiário, quadra de esporte, hospital, cabine de navio, garagem de trator, corredor de ministério, sala de cinema, foyer de teatro, mercado, oficina e saguão de museu tinha uma foto de Rákosi exposta. [...] Circulavam três ou quatro versões: na primeira, apenas o rosto com a sua enorme careca, outra de cintura para cima feita seis ou oito anos atrás, com o distintivo do Partido na lapela, uma terceira – mais rara – onde segurava sorrindo uma menina nos braços. Mas a de maior circulação era aquela onde o sábio pai e grande líder da nação húngara era mostrado no meio de uma plantação de trigo, com sementes na palma da mão, a examinar com seus olhos inteligentes e competentes a qualidade da esperada safra. (Aczél, 1961, p. 147).

Quem era esse líder comunista de cabeça de batata, sem pescoço, gordo, que aparecia em todas essas fotos?

Durante a Primeira Guerra Mundial Mátyás Rákosi foi feito prisioneiro de guerra pelo exército russo. Nessa condição tomou contato com o movimento operário. Depois da revolução soviética chegou a conhecer Lenin pessoalmente, que o mandou retornar à Hungria, no final de 1918, onde foi membro-fundador do Partido dos Comunistas Húngaros. Participou da comuna húngara de 1919, sendo o comissário do povo encarregado das questões de comércio e, no final dela, comandante de Guarda Vermelha Húngara. Após a queda da comuna húngara, emigrou, trabalhando como agitador na Itália, na França e na Áustria. Em 1923, Rákosi foi enviado por Moscou à Alemanha para organizar um levante socialista; em 1924, depois de voltar para a Hungria, é preso pela polícia de Horthy e condenado à morte. Um movimento internacional, que o torna conhecido mundialmente (a brigada comunista húngara na Guerra Civil Espanhola portava seu nome), impede a execução da pena. Ele passa 16 anos nas prisões húngaras.

Em 1940, com o Pacto Ribbentrop-Molotov, é trocado pelas bandeiras húngaras capturadas pelas tropas russas quando invadiram o país em 1848. Rákosi vai para a URSS como um dos principais dirigentes do partido húngaro e promete aos membros locais do partido que, caso chegasse ao poder, as arbitrariedades vistas em Moscou não ocorreriam na Hungria. Mas, ao alcançar o poder, torna-se o campeão delas, passando a ser conhecido como o "melhor aprendiz de Stalin" (Méray, 1989).

Volta para a Hungria em 1945, na qualidade de ministro do Governo Provisório, e, depois das eleições de 1947, torna-se vice-primeiro-ministro. Em 1948, é eleito primeiro secretário do novo partido que se formava da união do Partido Comunista com o Social-democrata. Desde seu retorno à Hungria até a sua queda, foi o dirigente máximo dos comunistas húngaros.

Quais eram suas principais características? Portava-se como um cavalheiro do século XIX, sempre querendo ser agradável, sedutor e espirituoso. Quando no poder, lia regularmente *The Economist, The Times, The Nation, Newsweek, US World Report, The Statesman,* sendo, portanto, muito bem informado. Foi um dos trabalhadores mais ativos do movimento comunista, dotado de fantástica sede de poder: qualquer ato seu tinha uma razão política. Rákosi era o mais detestado dos líderes stalinistas – segundo seus assessores mais próximos, era obcecado pela idéia de repressão, tendo, por meio dessa, exercido o poder por muito tempo, sem ter, curiosamente, nenhuma experiência administrativa prévia (Fejtö, 1977). Rákosi era, como os outros líderes stalinistas, rígido no cumprimento do programa, comunista conseqüente e fanático, duro, sem piedade. A URSS, onde a teoria de Marx se transformou em prática, era-lhe sagrada; seu raciocínio era o de um comunista padrão, como descrito por Dürrenmatt: "a gente acredita que pense. Apenas os sentimentos lhe são problemáticos. O humanismo é para

HUNGRIA 1956

pessoas que nem ele algo distante. Sua diretriz política é que o 'bem' é o que é bom para o proletariado em um dado momento e o 'mal' é o que é prejudicial ao Partido Comunista, principalmente ao PC da URSS" (apud Pünkösti, 2001, p. 11), e, quando algo saía errado, o erro nunca era seu, mas sim das artimanhas da reação ou conseqüência da luta de classes.

Desempenhou um papel ativo na organização de processos políticos. Nisso era muito parecido com Stalin, tendo sido talvez por isso convidado a sentar a seu lado na festa de setenta anos do ditador soviético. Sua ambição era ser o parceiro mais importante de Moscou; para permanecer no poder tinha de, constantemente, montar processos políticos e desmontar conspirações. Rákosi mandava assassinar pela causa e pelo seu próprio poder.

Rákosi não gostava de condecorações, mas apreciava seus apelidos: "o sábio pai do povo húngaro", "mestre de nosso Partido", "o grande filho do povo húngaro", "o primeiro húngaro" (Méray, 1989). Seu braço direito, Ernö Gerö, dizia : "se dissemos Rákosi, entendemos o povo húngaro; se falamos povo húngaro, entendemos Rákosi" (Romsics, 1999, pp. 340-1). A seguinte cena, descrita pelo jornalista e escritor Tamás Aczél, é bastante ilustrativa:

> [...] estava lá, sentado nas apresentações de gala da Ópera, sob o fogo cruzado dos refletores, em uma luz gloriosa, na tempestade ensurdecedora dos aplausos e, passados uns bons dez minutos, quando evidentemente sentia que o público já tinha demonstrando seu êxtase – conforme tinha aprendido de Stalin –, ele também começava a aplaudir, como que sinalizando que era hora de terminar o festejo, era suficiente, talvez até um pouco demais, sua humildade não permitia mais que isso, apesar dele entender toda essa exaltação, o negócio estava certo, mas não devia ser levado ao exagero. (Aczél, 1961, p. 152).

Gostava da poesia de Endre Ady, sabia de cor um grande número de canções folclóricas, mal deixava os outros falarem, pois tinha enorme fluência verbal. Ao convidar certa vez o escritor László Németh para uma conversa, este ficou espantado com o quanto Rákosi sabia sobre ele e considerou que o imperador Francisco José provavelmente nada sabia sobre o grande poeta János Arany, assim como o regente Miklós Horthy também pouco sabia sobre o grande romancista Zsigmond Móricz; porém, Rákosi sabia muito bem quem era quem na literatura húngara (Pünkösti, 2001).

Se Rákosi era culto e inteligente, então por que adotou os piores métodos soviéticos, de uma maneira que ultrapassava qualquer outro líder das novas repúblicas populares? Em parte isso pode ser creditado ao fato de ter passado 16 anos nas prisões de Horthy e ter permanecido no exílio em Moscou. Em 1946, fez parte de uma delegação que visitou Washington na qualidade de vice-primeiro-ministro, sendo a delegação recebida pelo presidente Truman. Rákosi, que falava bem inglês, causou boa impressão nos Estados Unidos. Assim que voltou, foi convocado por Stalin e acusado de ser "agente imperialista". Rákosi teria ficado tão assustado que, desde essa ocasião, teria tentado provar com todos os seus atos que era o mais fiel seguidor de Stalin (Méray, 1989). Somava-se a isso o fato de Rákosi ser judeu, um ponto negativo para Stalin; portanto, tinha mais do que demonstrar sua canina fidelidade.

Acusa-se Rákosi de viver como um nababo, enquanto pregava austeridade, mas parece que, nesse aspecto, os fatos correspondem ao discurso, pois em sua vida pessoal era muito puritano: em 1952 vivia como em 1945, não morava em casa luxuosa, sua sala de jantar era pequena e chegava a brigar por causa das despesas domésticas, sendo seu aluguel pago pelo partido, tinha seis ou oito ternos, pouca louça doméstica, duas empregadas e uma cozinheira, dois jardineiros cuidavam de seu jardim; os empregados eram tratados de maneira respeitosa. Em 1956, ao partir para o exílio em Moscou, Rákosi levou apenas três ou quatro malas, apesar de correrem fofocas de que levara uma fortuna. No exílio, convivia mal com a falta de poder, queria retornar à Hungria a todo custo e, evidentemente, esboçou manobras para fazê-lo; em outubro de 1956, Nikita Khruschev perguntou-lhe se devia mandar tanques para Budapeste, ao que ele respondeu: "imediatamente". Curiosamente, mesmo depois de sua queda, nunca duvidou de que o povo húngaro gostasse dele (Pünkösti, 2001).

Rákosi passou 15 anos em sua pátria, nas prisões do almirante Horthy, um pouco menos no exílio em sua segunda pátria, a URSS; assim, para cada ano de poder recebeu três de "castigo", mas morreu de morte natural e não como tantos que mandou executar ou como Imre Nagy.

Sob o comando de Mátyás Rákosi, instalou-se na Hungria uma ditadura do proletariado que o poeta Gyula Illyés chamou de "reino sangrento do Rei Ubu" (apud Fejtö, 1977, p. 25).

UMA SOCIEDADE STALINISTA

Nasce uma nova sociedade na Hungria, diferente da aristocrática, com forte influência clerical, quase semi-feudal de antes da Segunda Guerra Mundial, e muito distinta da sociedade da Europa Ocidental dos anos 1950, no modo de se vestir, de se divertir, de cultura geral e, sobretudo, no modo de pensar; era uma sociedade em que não se devia usar o tratamento "senhor", mas sim "camarada".

Rákosi desmontou a velha sociedade húngara e modernizou-a, mas a peça fundamental era o desrespeito aos direitos humanos. Mudou também o perfil da sociedade: políticos e funcionários públicos ligados ao antigo regime, proprietários de negócios e também executivos, gerentes de empresas, tabeliões de aldeias e parte significativa da classe média cristã emigraram, ao passo que a classe média de origem judaica tinha sido significativamente dizimada pelo holocausto. Os que não emigraram ou não foram dizimados muitas vezes foram deslocados de seus empregos ou, se eram donos de negócios, perderam suas propriedades devido às estatizações e à reforma agrária. Os grandes proprietários de terra e a grande burguesia, que formavam os dois grupos sociais mais influentes no pré-guerra, na prática desapareceram. Em 1951, de 14 a 15 mil pessoas, provenientes principalmente da elite e da classe média pré-guerra, suspeitas de terem apoiado o regime de Horthy, entre as quais 6 príncipes, 41 barões, 22 antigos ministros e secretários de Estado, 85 generais e 30 donos de fábricas, sem nenhuma espécie de julgamento, são deportadas da capital e das cidades do interior para aldeias e pequenas cidades, sendo obrigadas a trabalhar na agricultura. O objetivo declarado era "estar alerta" contra a "reação", mas o real era obter moradia para a nova classe emergente (Bartosek, in Courtois et al., 2001; Romsics, 1999).

Por outro lado, criou-se uma estrutura de bem-estar social inexistente até então no país, na qual um grande número de pessoas finalmente obtinha acesso aos benefícios sociais: de 2,8 milhões em 1938 para 6,3 milhões em 1956, de 30% para 64% da população. Mais de dois terços da população recebiam um seguro em caso de doença, podiam ter assistência médica gratuita e receber medicações de baixo custo; doenças como a tuberculose desaparecem, o que levou à queda na mortalidade infantil, de 144 por mil em 1930 para 60 em 1955; nos anos 1930, de cada mil nascidos sobreviviam 856; em 1956, 950; em 1940 a idade média era 40 anos, em 1956, 60 anos, registrando-se aumento populacional, gerado até pela rigorosa proibição do aborto, embora parte significativa dos camponeses continuasse sem acesso a esses benefícios sociais (Pünkösti, 2001; Romsics, 1999).

Os operários deviam cumprir as metas, que eram sistematicamente elevadas pelo governo, mas a qualidade de vida da população não acompanhava esse processo ascendente. Mesmo pequenas faltas eram rigorosamente punidas nas fábricas, e em datas "comemorativas" os operários deviam trabalhar sem receber remuneração: dia da libertação pelo Exército soviético, dia da saída de Rákosi da prisão, dia do aniversário da revolução soviética. As condições de trabalho não eram adequadas, faltava o mínimo necessário à higiene pessoal, como chuveiros e sanitários, além de controle das condições acústicas, mas não havia desemprego.

Em 1954, apenas 15% da população vivia acima do padrão mínimo estabelecido pelo próprio regime; 15% dos operários não tinham cobertores, 20% não tinham casaco de inverno, apesar das promessas do plano qüinqüenal de aumento de 15% no padrão de vida da população; os bens de consumo eram escassos e caros: um terno custava 2 ou 3 mil florins, 2 meses de salário de um operário; um par de botas, 280 florins, quando sua produção custava 78 e eram vendidos à URSS por 16. Poucos tinham automóveis: entre 1949 e 1956 foram importados 6.846 carros, que se somaram aos 12 mil veículos do país, perfazendo, em 1956, uma frota de aproximadamente 20 mil carros, isto é, 1 para cada 500 habitantes, enquanto na França e na Inglaterra a proporção era de 1 para cada 10 habitantes. O plano qüinqüenal previa a construção de 220 mil habitações, mas apenas 103 mil foram feitas; as residências eram geralmente de 1 dormitório e 1 em cada 5 tinha água corrente; entre 1949 e 1955, a população cresceu 7,1%, mas o número de habitações, apenas 3,9%; para cada 100 quartos a Hungria tinha 264 habitantes. Em Budapeste a situação era crítica: em junho de 1954 um habitante dispunha de 8,5 metros quadrados, menos que uma cabine de trem; os jovens não tinham acesso à moradia, devendo viver com seus pais ou em sublocação (Irving, 1986).

Outra medida foi a imposição de um isolamento internacional, para que não houvesse troca de informações e as conseqüentes comparações. Desse modo, mudaram-se as referências culturais; até então a Hungria voltava-se para o Ocidente, passando agora, obrigatoriamente, a virar o rosto para a URSS. Como as relações do país com a cultura eslava eram muito tênues, ligá-la abruptamente à soviética era uma operação difícil, pois até então as mulheres húngaras vestiam-se de acordo com Paris ou Viena. A partir de então tinham de seguir padrões soviéticos, que seguiam uma moda de trinta anos atrás; as jovens não tinham mais coragem de passar batom ou pintar as unhas, pois isso era considerado atitude pequeno-burguesa, mas deviam usar, como as operárias soviéticas, lenço na cabeça; os homens não deviam mais usar chapéu, mas sim boina, de novo como os operários soviéticos (Aczél, 1961).

O ensino tornou-se gratuito e as salas de aula superlotaram: de 1949 a 1955 duplicou o número de alunos no ensino médio, milhares de filhos de operários e camponeses tiveram acesso à escola, inclusive meninas, cujos estudos eram vistos no entreguerras com preconceito pela sociedade húngara conservadora, enquanto se dificultava o acesso aos estudos superiores de filhos da velha elite e da classe média.

Além do aspecto quantitativo, ocorre também uma transformação radical no conteúdo do ensino, pois era através dele que se poderia "reeducar" a população. Assim, reorganizou-se o sistema educacional, a origem social tornou-se critério de admissão na universidade, os professores eram obrigados a ter uma formação marxista, o próprio conhecimento foi reestruturado por meio dessa ótica, a história do país tinha também de ser reescrita, através de uma perspectiva marxista, em que as figuras de destaque eram os líderes do partido, que ofuscavam os grandes nomes, como os reis santos Estevão e Ladislau. Estudar russo passou a ser obrigatório, toda e qualquer publicação científica deveria sempre se referir à URSS, os professores universitários "burgueses" foram afastados, entre eles acadêmicos de renome mundial, substituídos por jovens e ambiciosos comunistas, o que abaixou drasticamente a qualidade do nível de ensino. Entre 1950 e 1952, são publicados 175 livros destinados ao ensino universitário, entre os quais 86 são traduções de obras soviéticas, muitas vezes de caráter meramente propagandístico, enquanto eram retiradas das bibliotecas obras consideradas "burguesas", ainda que científicas; não se tinha acesso a publicações ocidentais, perdendo-se assim o contato com o que acontecia no Ocidente. A Psicologia e Sociologia foram banidas, ao passo que em todas as faculdades eram organizadas disciplinas obrigatórias de marxismo-leninismo (Romsics, 1999, p. 360).

Mas conquistas significativas ocorrem também no campo esportivo: no final da década de 1930, o país contava com trezentos mil esportistas, número que se eleva em 1955 para quinhentos mil; no pré-guerra apenas 10% eram mulheres, elevando-se com Rákosi essa cifra para 20%. O esporte mais popular era o futebol; a Hungria tinha o famoso "time de ouro", com Puskás, Hidegkuti, Czibor e Kocsis, que venceu a seleção inglesa em Londres por 6 x 3, fato evidentemente aproveitado por Rákosi para mostrar a superioridade do regime. O desempenho da Hungria nas Olimpíadas também era muito bom: 10 medalhas de ouro em Londres em 1948, quantidade semelhante à obtida em 1936 na Olimpíada de Berlim; já em 1952, em Helsinque foram conquistadas 16, recorde não superado (Romsics, 1999).

A chamada sociedade civil, um contraponto ao poder do Estado, foi um dos primeiros alvos de Rákosi, pois o Estado que se formava não podia admitir divergências, uma vez que seu objetivo era o poder absoluto. Por isso, foram atingidos sindicatos, instituições políticas, pessoas de destaque da sociedade, como padres, jornalistas, escritores e artistas. O Estado socialista também não podia permitir que a hierarquia da Igreja Católica fosse imposta por Roma, determinando que os líderes das Igrejas fossem escolhidos pelo governo, isto é, pelo partido. No início da década de 1950 centenas de padres foram presos e condenados, enquanto outros foram obrigados a abandonar suas paróquias. A maior resistência coube de seu principal dirigente, o cardeal Mindszenty, principal dirigente da Igreja Católica, que acabou se transformando no símbolo de resistência ao novo regime, preso logo após o Natal, em 26 de dezembro de 1948. Contra ele arquiteta-se um processo no qual é acusado de espionagem, de negociatas em moeda estrangeira e conspiração contra a República, pelo que é condenado à prisão perpétua, tendo conhecido, durante seu processo, os interrogatórios sádicos ordenados pelo chefe da ÁVH, Gábor Péter, e realizados por sua fiel equipe. Em suas memórias, o cardeal relata que, ao se recusar a assinar a "confissão", o tenente-coronel da polícia que o estava interrogando disse:

> [...] entenda que aqui os acusados não confessam o que querem, mas o que nós queremos. Fez um sinal e deu as instruções: ensinem-no a confessar; sou conduzido para a cela por um major. Devia ser umas três da madrugada. Dois guardas rapidamente tiraram a mesa do meio do quarto, depois o major parou na minha frente e gritou para eu me despir. Não me dispo, nem me movo. Faz um gesto para os guardas. Com a ajuda desses, ele mesmo tira o casaco listrado e a calça. Depois saem do quarto. [...] Logo depois entra no quarto um oficial da polícia política alto, forte, de pescoço grosso e olhar selvagem, que apenas diz: eu fui *partizan*. [...] De repente corre em minha direção e chuta com a sua bota minha coluna. Tanto ele como eu caímos em direção à parede oposta. Somente parou quando não conseguiu mais chutar; com um sorriso diabólico no rosto, disse ofegante: esse foi o momento mais feliz de minha vida. [...] Agora entra de novo o major. Manda o *partizan* sair, pega um cacetete de borracha. Nunca pensei que chegaria ao cacetete de borracha. Obriga-me a deitar no chão e começa a bater. Começa na sola de meu pé e vai subindo. [...] O major continua a bater ritmicamente, apesar de já ofegante, mas não pára, parece ter um grande prazer em bater no cardeal pelado da Hungria. Aperto meus dentes, mas nem sempre consigo conter os sons. Estou gemendo com a dor. É suficiente para o corpo, e a alma parece em chamas. [...] Por quanto tempo bateram e por quanto tempo estive inconsciente, não sei dizer. (Mindszenty, 1974, pp. 240-1)

Após dias apanhando, mas sem assinar a confissão, Mindszenty é obrigado a ouvir: "Bato, corto-te em pedaços até de manhã. Vou dar os pedaços de teu cadáver aos cachorros e jogo no esgoto. Agora nós mandamos aqui". Mesmo assim não assina, então recebe a seguinte ameaça: "Se você não assinar, de madrugada trago aqui a tua mãe. Você vai ficar pelado frente a ela. Ela vai ter uma merecida morte fulminante, pois te trouxe ao mundo. Você vai ser o assassino de tua mãe". Após dias de tortura, Mindszenty assina a "confissão", mas acrescenta a sigla C.F., que em latim significa *coactus feci,* sob coação" (Mindszenty, 1974, p. 269).

A população vivia sob um regime de tensão, pois a qualquer momento alguém poderia ser questionado, preso ou condenado: entre 1948 e 1953, 961.504 cidadãos foram acusados e 636.973 condenados (*Bartosek,* in *Courtois* et al., 2001). O governo mantinha um dossiê secreto sobre as pessoas (o chamado *káder-lap*), em que registrava de que classe o indivíduo vinha, origem essa que ditava sua futura escolaridade, sua possibilidade de emprego, sua eventual elegibilidade para cargos mais elevados: "M" indicava *munkás*, operário; "P", *paraszt*, camponês; classificações que davam regalias, "É", para *értelmiség*, intelectual e "E" para *egyéb*, outros; classificações que podiam complicar a vida das pessoas, porém a mais perigosa era "X", reservada para os inimigos de classe, como antigos oficiais, nobres e funcionários do regime do almirante Horthy. A classificação mais alta era M-1, para filhos de operários e altos funcionários do partido e oficiais da ÁVH.

Enquanto proclamavam a igualdade, a renúncia e o puritanismo – o aborto era punido, casais que se beijavam em público podiam ser presos –, os altos funcionários do partido moravam em espaçosas residências nas montanhas de Buda, circulavam pelas ruas com carros soviéticos blindados, tinham vários aparelhos telefônicos à disposição em seus escritórios (um para falar com Moscou, o segundo para contatos com países amigos, o terceiro para falar com ministros, o quarto com as empresas mais importantes, fora o aparelho com uma linha "comum"); podiam ser internados em um hospital exclusivo para membros do partido, podiam se hospedar nos locais de veraneio exclusivos do partido, podiam encomendar gratuitamente, de lojas exclusivas, artigos de luxo, e suas roupas eram feitas por alfaiates ou costureiras. Mas, conforme caía a hierarquia, os privilégios também diminuíam. Em 1950, foi introduzida para os membros do Comitê Político, a "conta aberta": isto é, podia-se solicitar tanto dinheiro quanto necessário sem a necessidade de prestação de contas. Eles não pagavam aluguel, nem suas roupas, nem o aquecimento para o inverno, nem os empregados domésticos. O jornalista Aczél relata:

> [...] eles já não viviam no socialismo, mas no comunismo sonhado por Marx, Engels, Lenin e Stalin, onde o dinheiro tinha perdido o seu sentido e todos abasteciam as suas necessidades dispondo dos bens produzidos pela sociedade. (Aczél, 1961, pp. 268-9).

MECANISMOS DE REPRESSÃO

Ao lado do culto à personalidade, os anos 1950 na Hungria são lembrados principalmente pelos atos repressivos, ilegais, cometidos contra a população. Instituiu-se um "terror em massa" que não respeitava os direitos humanos apontados pela ONU em dezembro de 1948, sendo suprimidas as principais liberdades básicas. Um *slogan* de época retrata bem a ideologia dominante: "quem não está conosco está contra nós".

Era um Estado totalitário, que se comportava de maneira impiedosa com a oposição e com eventuais rivais e mantinha a população sob absoluto terror, com medo do partido, do primeiro secretário do partido e da polícia política, a ÁVH, conhecida como o "punho do partido". A ÁVH, cujos membros provinham das classes operária e camponesa, recebia informações sobre a sociedade através de uma rede composta de quarenta mil informantes, arquivando informações sobre aproximadamente um milhão de pessoas, mais de 10% da população. Era função da ÁVH: descobrir criminosos de guerra, recolher dados sobre opositores, fabricar falsas acusações e provas e forçar essas pessoas através da tortura a confessar esses supostos crimes (Romsics, 1999). Foi nessa época que surgiu o "pavor da campainha", pois era de madrugada que os agentes da ÁVH tocavam a campainha para levar o "suspeito" em um carro preto cujas janelas ficavam fechadas por cortinas.

O terror contra a população se disseminava: entre 1950 e 1953 transitaram pelos tribunais mais de um milhão de processos contra 650 mil acusados, dos quais 390 mil foram condenados. Em 1953 já não existia família que não tivesse algum membro sob investigação. Parte dos condenados ia para a prisão, parte para campos de internação, os *Gulags* húngaros, que chegou a 100 em 1953, comportando 44 mil "inimigos de classe" que realizavam trabalhos forçados dentro deles (Romsics, 1999, p. 343), mas ao governo parecia natural, na luta de classes, que um terço dos detentos estivessem presos por motivos políticos (Pünkösti, 2001).

De acordo com Rákosi: "os acusados devem permanecer presos até que provem a sua inocência", e justificava: "o nascimento de algo novo está sempre cercado de sangue e sujeira, mas observar apenas a dor do parto e o sangue levará a uma conclusão inadequada" (apud Pünkösti, 2001, pp. 170 e 194). Assim, a justiça ficou totalmente subordinada aos interesses do partido – principalmente entre 1949 e 1953, quando foram "fabricados" muitos processos totalmente irregulares, baseados em interrogatórios com confissões extraídas sob tortura ou confissões de membros do partido que acreditavam estar dessa forma servindo à "causa". Execuções eram raras antes de 1949 e depois de 1953.

Os prisioneiros da ÁVH eram internados em celas minúsculas onde tinham de ficar em pé durante horas, pois não havia como sentar. Caso desobedecessem as ordens, eram rigorosamente punidos, prendendo-se uma curta corrente de ferro de um pulso ao tornozelo. Tentativas de fuga eram punidas com um peso de aproximadamente 25 quilos preso no tornozelo. Um tratamento "padrão" era introduzir um fino tubo de vidro na uretra do prisioneiro e quebrá-lo em pedaços. Quando padres eram interrogados, crucifixos metálicos eram eletrificados e os padres eram obrigados a beijá-los. Peter Gábor apagava cigarros no rosto de seus interrogados

Em maio de 1949, László Rajk, ex-ministro do Interior, um dos arquitetos do estado policial, foi preso, aos 40 anos de idade, sob as acusações de espionagem para os "imperialistas", de ter trabalhado para a polícia secreta de Horthy e de manter contato com políticos iugoslavos, sendo um dos objetivos principais do processo demonstrar total engajamento à política antiiugoslava de Moscou, ao mesmo tempo que Rákosi livrava-se de um potencial rival.

Rákosi redige pessoalmente as acusações, sob a supervisão de Stalin. No início, Rajk as nega, mas é violentamente torturado. Durante o interrogatório, foi deitado de barriga para baixo, suas meias foram enfiadas em sua boca para que não gritasse, a sola de seus pés eram surradas com cassetetes de borracha, com intervalos em que o prisioneiro era obrigado a ficar pulando para que seus pés não inchassem. O próprio Mihály Farkas batia pessoalmente no prisioneiro. Exausto, Rajk é convencido por Mihály Farkas e pelo seu sucessor no Ministério do Interior, János Kádár, de que o único objetivo do processo era aterrorizar os inimigos de classe e que, naturalmente, a sentença de morte não seria cumprida e as acusações seriam esclarecidas. Assim, Rajk reconheceu sua culpa, sendo sua confissão transmitida pelo rádio.

CAMINHANDO PARA A REVOLUÇÃO   29

Em 15 de outubro de 1949, foi executado com outros 14 réus "confessos". No dia da execução de Rajk, seu "interrogador", Mihály Farkas, deu uma festa para seus subalternos, distribuindo presentes como relógios de ouro. Mandou trazer o cardeal Mindszenty de sua cela, oferecendo-lhe champanhe, porém, como o cardeal recusou-se a brindar, jogou o conteúdo do copo no seu rosto. As últimas palavras de László Rajk teriam sido: "não foi isso que vocês prometeram" (Aczél, 1961; Pünkösti, 2001; Romsics, 1999).

Em 1951 chegava a vez dos comunistas "nacionais" restantes, sendo condenados à prisão 21 dirigentes de renome nacional, entre eles János Kádár. A mensagem era clara: todos estavam sob suspeita. A luta interna no partido gerou, entre 1949 e 1953, quase 100 mortes:

> [...] e assim estava János Kádár, antigo ministro do interior, em frente aos seus antigos subalternos, que o acusavam de ser agente de potências estrangeiras. Kádár negava. Então surgiu um coronel das forças de defesa do estado, que não era outro senão Vladimir Farkas, filho do general Mihály Farkas. Careca, por volta dos trinta anos, um jovem cansado, que tinha apenas um argumento: a agressão. Kádar começou a levar uma surra. Primeiro pintaram o seu corpo com mercúrio para que os poros não conseguissem respirar. Quando estava todo estrebuchado no chão, chegou o pai, o general Mihály Farkas. Kádár foi levantado. Valdimir foi até ele. Dois algozes abriram a boca do ex-ministro do interior e o coronel, como quem tem de fazer suas necessidades, mijou na sua boca. Todos riam. Realmente era uma figura divertida o homem ensangüentado e desamparado, que estava se afogando na urina. O telefone tocou. Mihály Farkas atendeu; no outro lado da linha falava Mátyás Rákosi. O sábio pai do povo e grande líder nervosamente perguntava se János Kádár já tinha confessado. Mihály Farkas somente pode dar uma resposta negativa. Ele ainda não tinha confessado. Kádár, que jazia no chão, ouviu um resmungo ao telefone; o bondoso pai do povo dava as diretrizes: bater, bater, bater, até ele confessar. São as minhas instruções. (Aczél, 1961, pp. 222-3).

O clima de terror era tamanho que a situação começa a se tornar insustentável. O próprio embaixador soviético na Hungria, J. Kiseljov, alertou Moscou em 1952 que, devido aos mecanismos de repressão exagerados, detectava-se uma grande insatisfação na população húngara.

VIDA CULTURAL NA ERA RÁKOSI

A vida intelectual e a literatura eram coordenadas pelo dirigente comunista József Révai, um homem culto, freqüentemente comparado a Andrej Alexandrovics Zdanov, arquiteto da política cultural da URSS. Assim que um novo livro de Thomas Mann saía no Ocidente, Révai imediatamente o importava e lia-o em apenas uma noite, mas não permitia que as obras desse escritor fossem publicadas na Hungria, pois Mann não cabia dentro da "Revolução Cultural Socialista" que Révai propunha; revolução essa que combatia tanto as tendências burguesas como as de vanguarda e as de "raiz", ligadas ao campesinato, pois o realismo socialista era a única tendência artística aceitável.

Em 1948 são extintas as mais importantes revistas literárias e estatizadas as principais editoras, enquanto são condenados ao silêncio alguns dos grandes escritores húngaros, como László Németh, Áron Tamási, János Kodolányi, Milán Füst, Lörinc Szabó, István Vas, Weöes Sándor, Géza Ottlik e János Pilinszky, e outros são obrigados a escolher o exílio, como Sándor Márai, Lajos Zilahy e László Cs. Szabó. Destino semelhante tem músicos como Georg Solti e János Starker e cineastas como Géza Radványi e Hamza D. Ákos, que se refugia no Brasil.

Nas livrarias ainda se encontravam à disposição obras de alguns autores ocidentais, como Cocteau, Malraux, Sienkiewicz, Upton Sinclair, H. G. Wells e Stefan Zweig, e até de socialistas como Bertolt Brecht e Paul Éluard, mas o que realmente se podia adquirir eram obras de escritores comunistas húngaros como Illés Béla, muito Balzac, com suas descrições críticas da sociedade burguesa francesa do século XIX e, evidentemente, todas as obras de Marx, Engels, Lenin e Stalin. Em 1951, aproximadamente 60 milhões de livros foram impressos, divididos em 12 mil títulos, sendo o *best-seller A história do Partido Comunista da* URSS. Entre 1949 e 1953, a Hungria não teve acesso a novos livros ou a peças ocidentais, com a exceção de alguns autores comunistas ou "companheiros de viagem", como Jorge Amado.

Escritores clássicos húngaros, como Imre Madách, Endre Ady e József Attila foram proibidos ou tratados com restrições por serem pessimistas, ou nacionalistas, ou religiosos, ou mesmo pequeno-burgueses, e os contemporâneos que não se adequavam ao realismo socialista eram tachados de "decadentes" (Milán Füst), "contra-revolucionários" (Sándor Weöres), "direitistas" (Gyula Illyés), "modernistas" (Lajos Kassák), "anti-realistas" (Géza Ottlik), "partidários da terceira via" (László Németh).

O modelo para as artes tinha de ser, evidentemente, o soviético, cuja superioridade não podia ser questionada, isso para uma Hungria que tinha artista de ponta, como Béla Bartók na música, József Attila na poesia e Gyula Derkovics na pintura, fora o fato de a cultura húngara sempre estar ligada ao Ocidente, principalmente às culturas francesa e alemã.

Os jovens escritores eram incentivados a escrever sobre temas que retratassem a formação do homem socialista, a construção do socialismo e a defesa da paz, sempre com um final otimista, enquanto os poemas deviam enaltecer o trabalho e os dois grandes líderes, Stalin e Rákosi, havendo também "temas anuais" propostos pelo Governo, como mineração, exército, vida dos operários, que a literatura, ao lado do cinema e do teatro, devia desenvolver (Pünkösti, 2001, p. 433).

Alguns exemplos de versos típicos da época:

- *As asas do corajoso pombo da paz / bateram no oriente, partiram de Moscou / em Paris, Praga e sobre o nosso país / acendem as luzes do futuro* (Gábor Devecseri, "Para a reunião húngara de paz");
- *Ataquem, tanques, ataquem, canções! / Acendam os fogos com o nome de Stalin/ Acorde mundo! A paz amadurece! / Que as chamas cheguem aos céus!* (Lajos Kónya, "Tirem as mãos da Coréia");
- *Faz uma semana – sete dias e sete noites / São Dele todos os meus pensamentos. / [...] / Essa é a luta, essa será a última / E nas bandeiras vitoriosas / carregamos o Seu nome / e Ele nos conduz à vitória: Stalin* (Tibor Méray, "Com o seu nome");
- *[...] durante um inesquecível dia / elogiamos o plano trienal / e você, meu Partido, Partido Comunista!* (Tamás Aczél, "Marcha em Enying").

Havia um claro caminho a seguir nas artes plásticas: elas adquiriram um caráter de "educação política" e os artistas enalteciam os dirigentes do Partido; deviam ser retratados operários, camponeses e esportistas vencedores, além de líderes políticos com um naturalismo exaltador. As obras que não se encaixassem dentro dos padrões do realismo socialista eram consideradas inaceitáveis, sendo o paradigma da época a estátua de oito metros de altura de Stalin, inaugurada em Budapeste em 16 de dezembro de 1951.

Na música erudita, aceitavam-se composições que unissem o clássico com o folclore, como fazia Zoltán Kodály, e cantatas que celebrassem o socialismo, como a de Pál Kadosa, *A luz se espalha,* em cuja letra de 221 palavras se podia ouvir 93 repetições do nome de Stalin, ao passo que a obra de vanguarda de Béla Bartók era tachada de decadência burguesa, sendo seu balé *O mandarim miraculoso* proibido, pois Rákosi fez o seguinte comentário sobre a música do compositor: "parte significativa da música de Bartók é de difícil compreensão para as grandes massas" (apud *Pünkösti*, 2001, p. 293).

No repertório popular foi proibido o *rock and roll* e o *jazz,* as marchas militares e as canções de caráter nacionalista, porém eram toleradas as operetas, pois essas muitas vezes satirizavam as antigas elites, e incentivadas

HUNGRIA 1956

as canções com letras que exaltassem a revolução, ao mesmo tempo que ocorria uma valorização da cultura popular e do folclore.

Para o cinema, faziam-se produções com roteiros que enaltecessem as figuras revolucionárias do passado e comédias musicais, sendo produzidos, entre 1949 e 1956, 59 longas-metragens, uma produção pequena, se comparada à húngara entreguerras, que entre 1931 e 1941 produziu 237 filmes.

O seguinte filme ilustra bem o espírito da época: em *Colônia no subsolo* (1951, direção coletiva), mostra-se que em uma empresa de propriedade americana a produção de petróleo diminui e o engenheiro chefe sofre um acidente; a ÁVH suspeita de sabotagem e começa a investigar, a embaixada americana dá continuidade às sabotagens com a ajuda de um social-democrata; a ÁVH descobre tudo, prende os envolvidos e a empresa é finalmente estatizada (Magyar Filmintézet, 1998).

As produções estrangeiras exibidas eram geralmente soviéticas. Filmes ocidentais, apenas um ou dois filmes italianos neo-realistas foram exibidos, pois mostravam a realidade cruel do mundo capitalista, mas tinham o defeito de não apontar um caminho, não sendo, assim, otimistas, pois não traziam o Partido Comunista Italiano como a grande solução. Para resolver esse problema, o final de *Ladrões de bicicleta*, de Vittorio de Sica, foi modificado. No original, o operário italiano, após perder a sua bicicleta, seu instrumento de trabalho, caminha para um futuro incerto com o seu pequeno filho; um final desses não podia ser aceito na Hungria de 1950. Para resolver esse impasse, retirou-se de um noticiário italiano de época uma cena de manifestação do Partido Comunista Italiano – na qual o líder Palmiro Togliatti discursava – que foi simplesmente adicionada ao final do filme. O herói não tinha mais um futuro incerto, pois seria conduzido pelo Partido Comunista (Aczél, 1961).

ECONOMIA STALINISTA

O novo regime desejava modernizar a Hungria através de uma política agressiva de industrialização, seguindo o modelo soviético, baseado na indústria pesada, de base. Se essa era a meta, pode-se até dizer que foi alcançada: a Hungria agrária do pré-guerra sob Rákosi transformou-se em um país industrializado.

A política econômica de Rákosi baseava-se na hipótese de que é possível uma rápida industrialização em um país relativamente atrasado, utilizando apenas recursos próprios. Para atingir essa meta, a economia deveria ter um planejamento centralizado, eliminando-se os princípios de economia de mercado, substituindo-se a livre iniciativa pelo planejamento e os preços de mercado, pelos preços planejados.

São formuladas as seguintes metas econômicas: desenvolvimento industrial, com ênfase na indústria pesada, e modificação das relações de propriedade no campo com incentivo às cooperativas. Como havia a possibilidade de um conflito Leste/Oeste, de 20% a 35% da capacidade de investimento da nação foi direcionada para a indústria pesada, a fim de que a Hungria se transformasse no "país do ferro e do aço", gerando o quase abandono da indústria leve e da tradicional de alimentos. Tal fato acarretou a eliminação, em 1950, do desemprego e a duplicação do número de trabalhadores na área em relação ao ano de 1938 (de 172 mil para 371 mil), ocorrendo acentuada redução do número de trabalhadores no campo. A indústria registrava um crescimento anual de 20%, ao passo que entre as duas guerras esse número não passou de 2%, sendo a produção triplicada em 1953 em relação ao ano de 1938. Note-se a importância da questão militar na economia: apesar de o tratado de paz permitir ao país ter Forças Armadas de no máximo setenta mil membros, em virtude da Guerra Fria, Moscou incentivou o fortalecimento destas, que, em 1950, já ultrapassava os trezentos mil homens, contando também as forças da ÁVH. A manutenção de tal Exército era extremamente custosa, algo em torno de 25% do orçamento nacional: em um ano investiu-se mais nas Forças Armadas do que em cinco anos na educação (Pünkösti, 2001; Romsics, 1999).

A geografia do comércio exterior húngaro também se altera: a URSS substitui a Alemanha como parceiro comercial mais importante, absorvendo 25% das exportações e fornecendo 21% das importações em 1949. Moscou tinha o direito de comprar da Hungria abaixo do valor de mercado, determinando assim os preços das mercadorias, mas vendia as suas para a Hungria com preços de mercado, o que causava um grande desequilíbrio na balança comercial húngara. E também podia explorar o urânio húngaro conforme suas próprias diretrizes, gerando um sentimento de revolta na população.

Alguns erros básicos foram cometidos: não havia matéria-prima para sustentar a industrialização, sendo necessário importar os insumos. Além disso, para dirigir as fábricas foram escalados diretores de origem operária, que, em geral, não estavam preparados para essa tarefa, mas permaneciam nos postos porque eram confiáveis politicamente. Como não havia concorrência ou possibilidade de escolha por parte do consumidor, a qualidade dos produtos caía, levando a Hungria a um atraso em relação aos países ocidentais.

No início, não estava entre as metas do PC a estatização da agricultura, pois o partido havia aprendido, em 1919,[7] que não teria o apoio dos camponeses sem realizar a reforma agrária. Rákosi, porém, desejando acelerar a implantação do socialismo, sugere que a coletivização do campo seja feita da forma mais radical possível: em 1948, apenas três anos depois da reforma agrária que distribuiu terras aos camponeses, as propriedades agrícolas com mais de cem funcionários foram estatizadas, transformando-se em cooperativas, sendo os camponeses obrigados, por métodos autoritários, a delas participarem. Os camponeses com mais terras (para caracterizá-los, usava-se a expressão russa *kulák*, que significava camponês rico ou "com gordura") passaram a ser perseguidos, de acordo com o modelo soviético, fato que configurava outra maneira de provar para Moscou que a Hungria não seguia o modelo titoísta, que prestigiava esses produtores (Méray, 1989). Os *kuláks* eram castigados com impostos especiais, falta de acesso a créditos, exclusão das associações, além do que suas máquinas agrícolas eram expropriadas, assim como seus silos e até suas casas. Os filhos dos *kuláks* não podiam freqüentar o ensino médio ou a faculdade, enquanto a imprensa promovia uma campanha sistemática contra eles (Romsics, 1999, p. 350).

A coletivização dos campos gerou profunda crise na agricultura húngara, que não consegue atingir nem o patamar de produção de 1938, mas apenas 85% do obtido naquele ano, gerando falta de alimentos. Em decorrência disso, os preços subiram, mas os salários não acompanhavam os aumentos, fazendo parte significativa da população húngara viver próxima do nível de pobreza.

DEBATE EM MOSCOU

Stalin morre na União Soviética em 5 de março de 1953, às 21h50, justo no início da primavera. Esse fato causaria uma mudança no cenário de fechamento coletivo na Europa Oriental. A campanha "oficial" de desestalinização só começaria a partir do XX Congresso do Partido Comunista da União Soviética (PCUS) em 1956, mas a liderança coletiva que sucedeu Stalin (Malenkov, Khrushchev etc.) já a partir de 1953 começa a lançar discretos sinais, através de artigos na imprensa, de que o excessivo culto à personalidade de líderes partidários era danoso. O ideal para o socialismo seria a liderança coletiva (igualmente o que estava acontecendo na URSS

CAMINHANDO PARA A REVOLUÇÃO   35

pós-Stalin). Essa nova política da liderança soviética causaria reflexos nos chamados países "satélites".

Havia clara reivindicação por parte das populações nos países satélites por melhorias no nível de vida, maior liberdade política, reivindicações essas simbolizadas pelas manifestações que ocorreram em 17 de junho de 1953 em Berlim Oriental, sufocadas pelos tanques soviéticos.

Em maio de 1953, Mátyás Rákosi é convocado para ir a Moscou, recebe instruções para realizar mudanças, mas não as cumpre. Moscou age rápido: Rákosi recebe uma nova convocação para retornar em 13 de junho com o presidente do Conselho Ministerial, Dobi István, e os dirigentes comunistas Imre Nagy e Ernö Gerö. Os soviéticos sabem muito bem o que querem discutir: a crise econômica vinda desde 1951, mas que explodia naquele ano, a administração do país, a constante solicitação de recursos à URSS, a industrialização excessiva, o aumento desnecessário das Forças Armadas, a coletivização forçada do campo, a queda do nível de vida, os problemas de abastecimento, a falta de alimentos, a montagem de processos, prisões e o culto à personalidade. Malenkov propõe três eixos de discussão: o desenvolvimento da economia, a escolha dos líderes e os abusos de poder, assinalando que devia ser também debatida a maneira como os problemas seriam solucionados (Rainer, 1996; Romsics, 1999).

A reunião começa com uma série de acusações da cúpula soviética. Beria[8] pergunta à queima-roupa para Rákosi: "o que foi, o senhor ainda está aqui? O senhor ainda é o primeiro-ministro da Hungria?" (apud Méray, 1989, p. 11), e ameaça Rákosi com o fato de as tropas soviéticas não permanecerem indefinidamente na Hungria, no que é apoiado por Molotov, que diz para Rákosi: "entenda finalmente que não vai poder governar indefinidamente apoiado nas baionetas soviéticas" (apud Méray, 1989, p. 117). Malenkov acusa Rákosi de ser o principal responsável pelos erros na Hungria, por não saber trabalhar em equipe e por não suportar críticas; diz ainda que a Hungria foi famosa pela sua boa agricultura, e pede aos membros do partido húngaro que acertem sua relação com o povo húngaro. Beria pergunta: "é aceitável que de uma população de 9.500.000 pessoas existam processos contra 1.500.000?" (apud Rainer, 1996, p. 513). Rákosi, já muito abalado, além de ser o centro de todas as críticas e ser claramente destratado na frente de seus comandados, ainda tem de ouvir de Beria:

> Preste atenção, Rákosi, já ouvimos falar que a Hungria já teve sultão turco, imperador austríaco, kahn mongol e príncipe polonês, mas nunca ouvimos falar que tivesse

um rei judeu.[9] Parece que é isso que o senhor quer ser. Fique sabendo que nós jamais permitiremos isso. (apud Méray, 1989, p. 17).

Depois das acusações, a cúpula soviética parte para as recomendações: as bases da economia deveriam ser radicalmente modificadas, freando-se a industrialização, elevando-se o padrão de vida, fortalecendo-se a agricultura. Rákosi continuava como primeiro secretário do partido devido a sua experiência, mas devia renunciar ao cargo de primeiro-ministro. Devido aos seus erros e ao "culto à personalidade", é convocado a fazer uma autocrítica.

Então, quem devia ser o novo primeiro-ministro? Rákosi, perguntado sobre eventuais sucessores no governo, levanta objeções contra qualquer um, pois, evidentemente, todos eram suspeitos, menos ele (Fejtö, 1974). Beria, Malenkov, Molotov e Khrushchev sugeriram Imre Nagy para primeiro-ministro, pois era confiável, conhecia a fundo agricultura e era bem aceito pela população. A nomeação de Nagy poderia fazer parecer que ele seria, a partir de então, a figura principal do país, mas ele tornava-se apenas o primeiro-ministro – Rákosi continuava a comandar o partido.

O primeiro-ministro, então, assumia com o compromisso de fazer mudanças. Moscou finalmente permitia reformas nos países satélites, e foi na Hungria que elas tornaram-se mais radicais, personificadas na figura de Imre Nagy.

Poderia a Hungria, com as reformas de Imre Nagy, mudar? Poderia, mas existia um obstáculo, e esse obstáculo chamava-se Mátyás Rákosi, que, por um lado, sofria de uma espécie de "auto-adoração" e, por outro, percebeu que não tinha outra saída: ou permanecia no poder ou poderia ser condenado pelos seus atos anteriores. Portanto, sua única opção era lutar por ele. Mas, de uma maneira ou de outra, a era Rákosi estava sendo enterrada: era a primeira vez que um partido comunista no poder reconhecia seus erros, tanto na economia, como na política.

O NOVO PRIMEIRO-MINISTRO: IMRE NAGY

Em 1º de maio de 1945 um político húngaro, ligado ao Partido Comunista, recém-chegado de Moscou, onde viveu desde a década de 1930, declara: "não fico em posição de sentido diante da Internacional" (apud Méray, 1989, p. 22). Esse político é Imre Nagy.

Quem é essa figura fleumática, impassível, não ambiciosa, preferencialmente teórica, mas disposta a partir para a prática, quando necessário?

CAMINHANDO PARA A REVOLUÇÃO 37

Em maio de 1915, em plena Primeira Guerra Mundial, foi convocado para servir na infantaria do Exército húngaro, sendo feito prisioneiro pelos russos, retornando à Hungria somente cinco anos depois. É na condição de prisioneiro que toma contato com os movimentos políticos de esquerda e com as idéias de Marx e Engels; nessa condição, recebe a notícia da revolução de outubro. Em 1918, Nagy está livre para retornar, mas decide permanecer na União Soviética, onde se filia ao Partido Comunista e participa da guerra civil como soldado vermelho voluntário. Em 1921, decide voltar à Hungria, retornando na qualidade de comunista convicto, instruído, revolucionário, um operário do PC, que acredita em Marx e Lenin.

Em 1929, Nagy vai participar de uma reunião do Partido dos Comunistas Húngaros em Moscou e decide permanecer na União Soviética; uma decisão curiosa, feita justamente no momento em que o stalinismo se fortalecia, mas, para os revolucionários convictos como Nagy, a URSS ainda era vista como um "paraíso": era a sua chance de permanecer no local onde ele acreditava que eram tomadas as grandes decisões e de onde seriam dirigidas importantes transformações mundiais.

Sua popularidade iniciou-se ainda em 1945, quando Nagy foi ministro da Agricultura do país recém-saído da guerra (como membro do governo provisório instalado em Debrecen em dezembro de 1944). Nagy foi um dos organizadores da reforma agrária que tirou terras dos antigos grandes latifundiários da Hungria e as redistribuiu aos pequenos camponeses. Boa parte do território nacional, 34%, foi submetida à reforma: 5.600 mil acres foram distribuídos entre 642.342 pessoas (Méray, 1989, p. 28), 60% das quais camponeses que, em média, tiveram direito a 5 acres. A porcentagem de pessoas sem terra caiu de 46% para 17%, a dos pequenos produtores passou de 47% para 80%. Enquanto os grandes latifundiários desaparece-ram da sociedade os pequenos produtores passaram a representar 38,6% da população total húngara (Romsics, 1999). Quem não se tornaria popular assim? É importante notar que reforma agrária, naquele primeiro ano do novo governo, queria dizer que os camponeses *recebiam* a terra e não que a "perdiam", como seria entendido dali a alguns anos, quando Rákosi iniciaria o processo de coletivização agrícola forçada.

Em 15 de novembro de 1945, Nagy passou para o posto de ministro do Interior. Logo se notou que ele não tinha a dureza necessária àquela posição, que incluía a direção das forças policiais de repressão internas, e, em 1946, fora investido do cargo de presidente da Assembléia Nacional. Em 1948, entre outros motivos por discordar das novas diretrizes rakosistas de coletivização agrícola forçada, caiu em desfavor com o regime e foi relegado a vice-chanceler da Universidade Agrária de Gödöllö, perto de Budapeste. Nagy criticava a política agrária de coletivização forçada de Rákosi, dizendo que os camponeses húngaros esperaram séculos pelas terras – e mal fazia três anos que a reforma agrária tinha sido realizada –, portanto, não estavam preparados para esse passo. Considerava também que não existiam as condições econômicas para tanto, apesar de acreditar nas cooperativas como modelo para a agricultura. O interessante é que Nagy expunha suas idéias publicamente, questionando Rákosi, que nessa época já estava com a aura de infalível e inquestionável. O debate dura meses. Nagy argumentava que assim o partido se distanciaria das massas, os camponeses teriam uma perda econômica e haveria queda na produção agrária do país. Mas o resultado é apenas a ira de Rákosi. No entanto, seu afastamento, de certa forma, foi fortuito, pois acabou se tornando o único líder comunista com as "mãos limpas", que não tinha tomado parte no processo de Rajk, nem em outros processos similares, nem nos mecanismos de terror resultantes do "acirramento da luta de classes".

Apesar de posteriormente ser readmitido na liderança do partido e ocupar cargos mais influentes, apenas em 1953 sua estrela voltaria a brilhar no alto.

Estudando essa postura crítica de Imre Nagy e as escolhas e atitudes que tomou ao longo de sua carreira, pode-se chegar a algumas conclusões: Nagy era um intelectual; não era um membro característico do partido, apesar de ser um comunista disciplinado; fazia parte de sua personalidade ficar em segundo plano, como assessor ou consultor em vez de assumir posição de comando no partido; era visto com desconfiança por Rákosi; era a oposição a Rákosi e a alternativa a Rákosi, e realmente se tornou a opção possível para Moscou em 1953. Assim, não é à toa que o Kremlin escolhe Nagy para ser o novo primeiro-ministro: era, por um lado, um comunista convicto e fiel a Moscou e, pelo outro, um intelectual que percebeu os erros do processo e que tinha boa aceitação popular.

Mas o mais importante: entre os interesses da URSS e os interesses de seu país, pode-se dizer que Nagy ficava com os do país. O espantoso não é que Nagy tenha sido executado em 1958, mas sim que tenha sobrevivido até 1958.

Dessas conclusões nasce a pergunta: as posições assumidas por Imre Nagy em 1956 foram repentinas ou a conseqüência de observações e experiências acumuladas ao longo de sua carreira?

O PRIMEIRO GOVERNO DE IMRE NAGY: O NOVO CURSO

O novo governo é eleito em 4 de julho de 1953, sábado; no domingo, Nagy faz seu pronunciamento pelo rádio:

> Podemos dizer com certeza que com essa sessão do Congresso começa uma nova etapa no nosso desenvolvimento, em que gradativamente deverá se expressar a soberania do povo, o Parlamento deverá obter um papel maior na condução constitucional do país e na determinação dos princípios e dos objetivos do Governo, assim como no exercício de seus poderes constitucionais Para cumprir suas tarefas o Governo deseja apoiar-se mais no Parlamento, pois governa com a confiança do mesmo e pelos seus atos governamentais é responsável pelo destino bom ou ruim de nosso país e pela felicidade de nosso povo trabalhador [...]. (apud Pünkösti, 2001, p. 67).

Depois dessas palavras introdutórias, continua:

> [...] devo dizer com sinceridade à nação que as metas estipuladas no plano qüinqüenal em muitos aspectos ultrapassam nossas possibilidades; para cumpri-las direcionaríamos por demais nossos potenciais, atrasando as bases do bem-estar social de nosso povo, levando à queda, nos últimos tempos, do poder aquisitivo da população. É evidente que temos de fazer modificações fundamentais nessa área. Não podemos ter como meta apenas o desenvolvimento da indústria pesada [...]. Disso desenha-se claramente uma das mais importantes tarefas econômicas do Governo: diminuir os investimentos na nossa economia respeitando a capacidade do país. Considerando esse aspecto, o Governo quer revisar o plano tanto nas questões de investimento, como nas de produção e fará as suas sugestões para tanto. Deve ser modificado também o enfoque do desenvolvimento. Nada justifica a industrialização exagerada e a busca da auto-suficiência industrial, principalmente se não dispomos da base de matéria-prima necessária. (apud Pünkösti, 2001, p. 67).

Em seguida, Nagy comunica o que pretende fazer: ajudar os produtores agrícolas individuais, pois o governo quer "solidificar a produção e o direito de propriedade dos camponeses", assim como fortalecer a produção dos setores industriais que ainda estavam em mãos privadas, pois essa supre as necessidades básicas da população; assim o governo quer apoiar a iniciativa privada, apesar de todo o desenvolvimento das cooperativas de trabalho, oferecendo para tanto as licenças necessárias, empréstimos e garantia de distribuição. Depois, Nagy declara que a classe intelectual deve voltar a ser valorizada, inclusive a "antiga" – entenda-se aqui a de antes da guerra –, prometendo dissolver desconfianças indignas da democracia popular, principalmente porque o país tem claras necessidades na vida econômica, cultural e científica e existe uma classe que pode suprir essas lacunas, ou seja, se compromete a remediar injustiças passadas. Promete também maior tolerância nas questões religiosas e diz que "a esperança são os nossos pequenos húngaros". Mas o mais importante ainda estava para ser dito: "todas as atividades do Governo se basearão na ordem jurídica e institucional fixada na Constituição. [...] Em nossos órgãos policiais de justiça, assim como em nossos conselhos locais, muitas vezes não prevaleceu adequadamente o princípio de nossa democracia popular – a legalidade"; ressalta que os atos ilegais praticados "ofendiam o sentimento de justiça da população, questionando a sua fé na ordem institucional [...] a solidificação dessa ordem é uma das tarefas mais urgentes do Governo; e para finalizar: esse plano de trabalho, cuja realização iniciamos hoje, abre novo capítulo no processo de construção do socialismo" (Rainer, 1996, pp. 534-7).

A população se surpreende com as expressões "soberania do povo", "condução constitucional", "poderes constitucionais" e "nova etapa" – que condenavam a era Rákosi – e com a citação de trecho do hino húngaro "destino bom ou ruim" ou falar de "pequenos húngaros", pois era algo incomum em um país onde até as datas nacionais tradicionais tinham sido suprimidas. O discurso é recebido com alívio e alegria pela população; muitos não acreditavam que isso fosse possível, pois esperança era um artigo escasso na Hungria de Mátyás Rákosi. Porém, Nagy, em seu discurso, não questionou os valores da democracia popular, nem falou em pluralismo ou liberdade de expressão. Se Rákosi fez o governo mais stalinista, mais à esquerda entre as democracias populares, Nagy prometia e fez o governo mais surpreendente e mais radical das democracias populares; talvez suas propostas não fossem originais, mas foi a Hungria o único país onde houve a tentativa de implantá-las, criando um socialismo de rosto novo.

O comunismo de Nagy é plebeu, pragmático, liberal e nacional, diferente daquele dos países vizinhos e do de Rákosi, mas parecia ter a aprovação de Moscou e certamente da população húngara, mas não da direção do partido, que permanecia sob o comendo de Rákosi. Uma dúvida que talvez persista é saber por que Moscou, sabendo de todos os erros de Rákosi e da rejeição que tinha de toda a população, manteve o líder stalinista húngaro no poder ao lado de Nagy, incumbido por esse mesmo Moscou de fazer reformas de caráter não stalinista? Era evidente que as reformas ficariam prejudicadas, talvez inviabilizadas, principalmente conhecendo-se a maneira de agir de Rákosi. Enfim, os soviéticos queriam o impossível: que Nagy e Rákosi trabalhassem juntos, mas as forças políticas estavam divididas – parte queria retomar a linha de antes de junho de 1953, parte queria desenvolver a linha pós junho de 53, o Novo Curso –, não era possível um acordo.

Rákosi defendia-se dizendo que sempre seguira as orientações de Moscou, justificava os erros pelo fato de existir uma previsão de que a guerra estouraria em 1953, portanto todas as forças do país deveriam se concentrar nos preparativos, e procurava passar toda a responsabilidade pelos mecanismos de repressão para Gábor Péter, o chefe da ÁVH. Rákosi tinha se acostumado ao poder e não abriria mão dele com facilidade, além do que, de certa maneira, ao estar convencido de sua própria genialidade, Rákosi sentia provavelmente medo, pois sabia que suas mãos não estavam limpas e o poder era talvez o único lugar em que estivesse seguro. Assim, decidiu iniciar um processo lento e gradual de sabotagem ao novo primeiro-ministro.

Nagy tem de trabalhar duro, pois além de criar um programa, o Novo Curso, também conhecido como Caminho de Junho, deve formar uma equipe (seus assessores diretos pertenceram ao governo anterior, a própria pessoa escolhida para dirigir a economia, Ernö Gerö,[10] estava totalmente comprometida com Rákosi) e um círculo de apoio nos diversos núcleos da vida política; o projeto básico de Nagy parece ter sido corrigir os rumos, acertando os erros e exageros cometidos, acreditando que depois o sistema voltaria naturalmente ao "bom caminho". Nagy começa a trabalhar febrilmente: apresenta uma série de medidas corretivas na vida econômica, social e cultural do país, conforme orientação de Moscou; com ênfase na agricultura, na indústria leve e na construção civil, cria uma comissão para a racionalização da economia, composta por especialistas na área, que podiam analisar os problemas sem ter de se curvar a "tabus" e dogmas do marxismo-leninismo – que foi o primeiro passo para as reformas húngaras dentro do sistema socialista e o nascimento do socialismo de "rosto húngaro". Adia projetos caros, como o metrô de Budapeste; aumenta salários e diminui preços de produtos, procurando equilibrar a proporção entre salários e preços; melhora as aposentadorias; procura atenuar a repressão interna; proclama uma ampla anistia; propõe a subordinação da ÁVH ao Ministério do Interior e limitação de suas atividades; suspende as punições nas indústrias, a anistia, o abrandamento das penas e incentiva o sentimento patriótico (Rainer, 1999).

É determinada a prisão de Gábor Péter, o chefe da ÁVH, sendo julgado e condenado à prisão perpétua, passando a ÁVH de novo a ser dirigida pelo Ministério do Interior. É introduzindo um "degelo" na vida cultural, sendo permitido que escritores renomados como Milán Füst, Sándor Weöres, Lajos Kassák, Géza Ottlik, László Németh, Lörinc Szabó publicassem novamente,

HUNGRIA 1956

liberando-se a encenação de obras como o clássico *A tragédia do homem*,[11] de Imre Madách, ou do *Mandarim miraculoso*, de Bela Bartók. Se em janeiro de 1952, 19 dos 22 filmes exibidos na cidade e 4 das 9 peças de teatro eram de origem soviética, em 15 de dezembro de 1954, nenhuma era proveniente da URSS (Romsics, 1999).

EM BUSCA DE UMA BASE DE APOIO

Os problemas herdados do governo anterior, porém, permaneciam. Aumentava a pressão inflacionária, faltava moeda conversível, a indústria não era competitiva, as necessidades da nação cada vez mais tinham de ser supridas com importações, os países socialistas vizinhos não cumpriam os acordos comerciais, não compravam produtos húngaros, adquiriam no máximo alimentos e não forneciam matérias-primas para a Hungria. Um quarto das famílias gastava dois terços de sua renda em alimentação, mas não conseguia alimentar-se adequadamente; as pessoas vestiam-se pobremente, com roupas velhas e usadas e a frota de veículos diminuía (Irving, 1986; Pünkösti, 2001).

Por outro lado, a elite do partido e o funcionalismo, temendo a perda de seus privilégios – salários dez vezes maiores que a média da população, casa, comida empregados domésticos, ajuda de custo na alimentação, posição, poder –, reagiu negativamente ao Novo Curso, preferindo apoiar o secretário do partido em vez do novo primeiro-ministro. A elite do partido e os funcionários, acostumados aos discursos de Rákosi, em que sempre os culpados eram "os inimigos", acreditavam piamente neste e não aceitavam o discurso de Nagy. Associavam seu destino ao de Rákosi: deviam permanecer unidos ou cair unidos.

Onde Nagy poderia encontrar uma base de apoio? A Frente Popular Patriótica era um fator importante na concepção política de Nagy, que queria que a população participasse da formulação de sua política, buscando um governo participativo. Para tanto, procurou arregimentar, trazer de volta à vida pública, pessoas anteriormente afastadas, almejando incluir grupos não ligados ao partido e divulgar as idéias através de um órgão suprapartidário, uma vez que sabia que parte significativa da população desconfiava do partido. E mesmo Nagy não sabia até quando podia contar com o partido.

Nagy decide, assim, reativar a Frente Popular Patriótica, que anteriormente agrupava os partidos da coalizão, os sindicatos e outras entidades de massa, mas que durante o governo de Rákosi existia apenas no papel.

CAMINHANDO PARA A REVOLUÇÃO   43

Provavelmente imaginava, através da Frente, criar para si uma base de apoio, para contra-equilibrar o poder do partido, que continuava sob o comando de Rákosi. Este imediatamente retruca, acusando Nagy de querer montar uma organização que concorra com o partido. A reativação da Frente Popular Patriótica vira uma prova de força entre os dois.

De 23 a 25 de outubro de 1954, Nagy realiza o Congresso da Frente Popular Patriótica, no qual apela para os sentimentos nacionais, fala das tradições húngaras, do amor à pátria, de cooperação, da atenuação dos ódios:

> [...] sentimos nessa sala o amor à pátria; nove e meio milhão de corações húngaros estão batendo juntos, nove e meio milhão de almas húngaras estão eufóricas, nove e meio milhão de braços de aço húngaros se tencionam pela felicidade de nosso país, por uma vida livre, pelo florescimento de nosso país, pela paz em nosso país. Se alguém perguntar o que é a Frente Popular Patriótica, responderemos: isto é a Frente Popular Patriótica! [...] A realização das diretrizes de junho e das ótimas metas do programa de Governo encontraram dificuldades nos últimos tempos, o que angustia nosso povo. Elementos mal intencionados começam a sussurrar sobre o fracasso do programa de Governo e da política de junho. Bem, estão recebendo uma resposta altissonante. O Comitê Central do Partido dos Trabalhadores Húngaros e o Governo terminam com as incertezas... O "Novo Curso" venceu e as especulações sobre o fracasso sofreram uma grande derrota.... "Se o mundo é o chapéu de Deus, a Hungria é o buquê de flores nele".[12] (Méray, 1989, p. 73; Rainer, 1999, p. 95).

Evidentemente, fazia anos que a população não ouvia expressões como "nove e meio milhão de corações húngaros estão batendo juntos". O discurso era dirigido a toda população, não apenas às classes trabalhadoras? No final de sua fala, pede confiança, e a platéia responde: "Daremos!". Provavelmente Nagy pensara que tinha retomado as rédeas do governo e apresenta seus argumentos:

> Que socialismo seria que não garante o pão, que não garante o crescimento da oferta de alimentos? Quem se empolgaria com um socialismo que não ofereça carne, leite, banha e toucinho? Nós queremos e faremos um socialismo que garanta tudo isso ao povo trabalhador. A velha política econômica colocou um enfoque errado no socialismo, deixando de lado o homem, a sociedade, reduzindo o conceito de socialismo à produção de ferro e aço e no desenvolvimento industrial. Isso não é socialismo, camaradas! (apud Méray, 1989, p. 68).

Nagy parecia ter definitivamente conquistado o apoio da população. O que a URSS pensava de tudo isso? Em julho de 1954, Moscou substitui o embaixador Kiseliov, que simpatizava com Nagy, pelo jovem diplomata

Yuri Andropov: seria um lance contra Nagy ou simplesmente Moscou colocava um jovem inexperiente porque as coisas iam bem na Hungria? Curiosamente, nessa época, em 4 de julho de 1954, a seleção húngara de futebol perde a Copa do Mundo para a Alemanha Ocidental. Mau presságio? Início simbólico do fim do primeiro governo de Imre Nagy?

A VOLTA DO STALINISMO NA HUNGRIA

Ecoando problemas de outras tentativas de reformas no Leste Europeu socialista (*e.g.*, a perestroika de Gorbachev), em que as tentativas de reformulação causam confusão inicial ao mudar regras e padrões já conhecidos e estabelecidos, na Hungria as tentativas de reconversão da indústria criavam a necessidade de capital maior para implementar as mudanças. As propostas de Nagy de obter esse capital não apenas no campo socialista, mas também no capitalista, contariam contra ele na União Soviética em sua disputa com Rákosi.

Assim, pode-se dizer que o Novo Curso obteve resultados mistos. A liberalização política trouxe popularidade a Nagy. Por outro lado, os resultados econômicos não corresponderam às expectativas otimistas, ao contrário, trouxeram alguns problemas novos, como, por exemplo, o fato de muitos camponeses terem entendido seu discurso como uma permissão para, de imediato, abandonar as fazendas coletivas e voltar à agricultura individual, iniciando um processo de debandada em algumas regiões, além do processo de reconversão da indústria de pesada em artigos de consumo, que criou alguns gargalos na produção e a necessidade de recursos extras – tudo isso forneceu munição ao grupo ortodoxo de Rákosi, que se fortalecia a cada dia.

Nagy recorre a Moscou, Rákosi aceita e os dois vão para Moscou para uma reunião em 7 de janeiro de 1955. Rákosi dá o tom e Nagy é quase impedido de falar. Nagy tenta colocar a sua dificuldade de trabalhar com Rákosi, o que leva Molotov a dizer: "não existe melhor liderança na Hungria que a do camarada Rákosi, pois pertence à velha guarda e o mundo inteiro o conhece. Existem dois caminhos para Nagy: ou com o Partido, ou contra ele" (apud Pünkösti, 2001, p. 259). Khrushchev também deixa claro a Nagy que o homem forte do partido húngaro é Rákosi.

Nagy é criticado pelo radicalismo das reformas e pela crise que o país enfrenta. É acusado de ser indisciplinado, de não seguir o marxismo e as regras do partido, até de ser contra o partido – acusação muita próxima à traição – e de conduzir mal o governo. Fica sabendo do desagrado de Moscou por duas falas suas: de ter falado no Congresso da Frente Popular Patriótica em nove milhões e meio de corações húngaros, pois juntou operários e antigos exploradores, e de ter citado um verso do poeta Sándor Petöfi ("Se o mundo é o chapéu de Deus, a Hungria é o buquê de flores nele"). Rákosi e os dirigentes soviéticos dizem claramente que se tratava de nacionalismo pequeno-burguês. Nagy é acusado de propor um socialismo húngaro, diferente do de Moscou, o que era a sentença de morte para sua política.

Khrushchev exige que Nagy faça uma autocrítica e diz que "a industrialização é necessária para que se possa competir com o inimigo, portanto ela é necessária havendo ou não guerra; pois não adianta ter apenas salame, tem que se ter também avião" (Rainer, 1999, pp. 111-2). Nagy balançou negativamente a cabeça, então Khrushchev retrucou: "que o camarada Nagy não balance a cabeça, porque o que nós falamos é a opinião do Partido Comunista da União Soviética" (apud Rainer, 1999, pp. 111-2). Solicita-se a Nagy que reconheça seus "erros direitistas", mas ainda não é exigida a sua substituição. Porém, para surpresa de todos – nunca isso acontecera na vida do partido –, Nagy não reconhece seus erros e declara que, segundo sua opinião, a mudança econômica pedida levaria o país à catástrofe. Nagy pusera de lado sua "disciplina comunista" e escolhera o povo em vez do partido, seu país em vez da URSS? Talvez ele tivesse algo que o distinguia dos outros líderes comunistas húngaros: senso ético e moral, e ele sabia muito bem quem era o responsável pelos crimes cometidos. Toda essa tensão conduz Nagy a um enfarto.

Entretanto, o que desviou a balança em definitivo para o lado dos ortodoxos em 1955 foram as mudanças ocorridas na cúpula soviética naquele ano: em fevereiro Malenkov deixou de ser primeiro-ministro da URSS. Uma das razões oficiais apontadas para sua queda tinha sido sua política econômica "errônea" de ênfase na indústria leve em relação à indústria pesada. A ênfase na indústria pesada tinha sido uma pedra fundamental do modelo desenvolvimentista stalinista, e Malenkov passara a ser acusado de revisionismo nesse setor. As mudanças, com uma volta temporária à ortodoxia em Moscou, evidentemente refletiram em Budapeste.

Primeiro Rákosi procura colocar Nagy sob sua tutela e exige que ele faça uma autocrítica de sua política econômica. Decide controlar todos os passos de Nagy, dizendo que examinará antes qualquer projeto de lei que este venha a apresentar; era a sua maneira de reassumir o poder, e sabia que ÁVH e grande parte do partido estavam ao seu lado.

HUNGRIA 1956

Em 18 de abril de 1955, Rákosi alega que a saúde do primeiro-ministro é precária, pois Nagy recuperava-se com dificuldades de seu enfarto, e ressalta que não se pode esperar dele uma autocrítica, pois "professa idéias políticas que vão contra a visão política de nosso partido", repetindo todas as acusações anteriormente dirigidas a Nagy.

Assim Imre Nagy é excluído do Comitê Político, do Comitê Central, sendo exonerado de todas as funções que exercia sob a confiança do Partido. Dois dias depois, os retratos de Nagy são retirados das paredes e a única ligação que consegue manter é sua carteira de membro do partido.

Por que Nagy não praticou a "autocrítica"? Será que sentiu que sua responsabilidade com seu país e com a História eram maiores que com o partido, mesmo que com isso colocasse sua própria vida em perigo? Talvez estivesse convencido de que a razão estava a seu lado, que o partido estava errado, e compreendeu que a verdade é mais importante que cargos políticos passageiros. Sabia que a população confiava nele e que ele não podia trair essa confiança. Com essa atitude, mesmo com Rákosi controlando o poder, Nagy tornou-se, na prática, o verdadeiro líder do país.

Foi substituído no cargo de primeiro-ministro por András Hegedüs, totalmente subordinado a Rákosi, que voltava a ser o senhor absoluto da Hungria. Mas a *via crucis* de Nagy não terminou aí: em novembro foi expulso do partido.

O breve período de descompressão na Hungria, entre 1953 e 1955, terminara. Mas Nagy ficaria marcado na consciência popular húngara como o líder comunista que tentara liberalizar e arejar o sistema.

A AÇÃO DOS ESCRITORES

O reascenso da ala ortodoxa de Rákosi não representou uma volta total ao stalinismo, pois seria um retrocesso impossível na época, a partir do irreversível processo seu de gradual afastamento em Moscou, mas de qualquer maneira foi uma interrupção no processo de abertura crescente, diminuição da censura etc. que tomara forma sob Nagy. O caráter dúbio dessa volta à ortodoxia ficaria claro com os pequenos atos precursores de protesto ainda em 1955, realizados principalmente pelos escritores, que começaram a questionar abertamente o regime, tanto na sua política cultural como na sua política em geral.

O jornalista Tibor Méray declara em uma reunião literária que os escritores não podem ser amedrontados nem ameaçados:

[...] chegou a hora de nós batermos na mesa! Esse país precisa de uma tempestade purificadora, que de baixo para cima, de cima para baixo limpará a sujeira, a podridão e de todo o mal. Essa tempestade não pode vir em pequenos sopros. A tempestade destrói, mas também faz florescer (Rainer, 1999, p. 98).

A expressão "tempestade purificadora" começou a circular na impressa. O jornal *Povo Livre* falava abertamente nela e pedia que a tempestade varresse os altos escalões do partido. Em novembro, um grupo de 59 intelectuais influentes (incluindo jornalistas, músicos, artistas e alguns vencedores dos prestigiosos prêmios literários Kossuth e Stalin) enviou um memorando coletivo ao Comitê Central do PTH, protestando contra as políticas repressivas na área cultural.

O partido responde aos escritores:

[...] os camaradas escritores pensam que são eles que entendem melhor de literatura. Sem dúvida que essa é a profissão deles, eles entendem disso. Mas existe alguém que entende mais de extração de carvão que os mineiros, mais de metalurgia que os torneiros mecânicos e mais de literatura que os escritores. E essa "pessoa" é o Partido (apud Aczél, 1961, p. 325).

Mas isso pouco adiantava: a "tempestade purificadora" estava se fortalecendo.

AS IDÉIAS DE IMRE NAGY

Nagy, sem ceder a Rákosi, refugia-se na sua residência e escreve uma série de estudos nos quais expressa seus ideais de um socialismo mais humano e de caráter nacional. Esses escritos, em parte, sinalizam uma outra arquitetura política possível e em parte respondem as acusações levantadas contra sua pessoa e procuram mostrar que era ele, Imre Nagy, que permanecia fiel aos princípios socialistas e não aqueles que o acusavam:

A degeneração do poder faz com que o destino do socialismo corra perigo, assim como os princípios democráticos de nossa sociedade. O poder distancia-se cada vez mais do povo e cada vez mais se coloca contra ele. A democracia popular, apoio da ditadura do proletariado, onde o poder deveria ser exercido pela classe operária e pelos camponeses, visivelmente foi substituída pela ditadura do Partido, que não se apóia nos membros do Partido, mas está corporificada por uma ditadura pessoal, transformando o aparato do Partido em seu instrumento e, com a ajuda desse, também os membros do Partido. O poder não está permeado pelo socialismo e pela democracia, mas pela ditadura da minoria, por um espírito bonapartista. Seus objetivos não são determinados pelo marxismo, pelo socialismo científico, mas pelo objetivo de manutenção do poder a qualquer custo [...].

O quadro não é melhor no Partido nem no aspecto da moral comunista. Esquece-se que o Partido não é uma associação criminosa com fins políticos, cuja unidade tem de ser mantida pelo silenciamento de atos criminosos. Que unidade é essa que é mantida pela consciência do crime e participação no mesmo? [...] Gerar medo e terror, colocar sob suspeita e fazer acusações infundadas, declarar alguém inimigo se transformaram em instrumentos usuais, que são as atitudes que medem a crise moral do Partido [...]. (apud Méray, 1989, pp. 109-11).

Se Nagy não conseguiu mexer nas estruturas, conseguiu transformar significativamente o estado de ânimo da população ao procurar dar uma feição local ao marxismo-leninismo. Justificando essa idéia, Nagy escreve que, desde a morte de Lenin, a teoria marxista se transformara em "um dogmatismo similar a um talmudismo que explica a Bíblia", concluindo que o modelo soviético de socialismo tem alcance restrito e que existem formas de transição em que "a democracia popular não pode ser uma cópia do modelo soviético, mas uma forma democrática da ditadura do proletariado". O socialismo húngaro seria então resultado da aplicação dos conceitos marxista-leninistas à realidade húngara, partindo do que é básico na construção do socialismo (Rainer, 1999, pp. 160-1). A esposa de Nagy sintetizou assim as intenções do marido: um comunismo húngaro, sem a influência de Moscou ou de qualquer outra potência.

Escreve Nagy ainda em 1955:

[...] quero ressaltar que, como filho do povo húngaro e como membro da nação húngara, sou orgulhoso do meu lado húngaro e não nego esse meu lado, amo muito meu povo, com verdadeiro patriotismo, que, junto com a admiração e respeito a outros povos e nações, forma a base e a essência da comunidade proletária. É isso que me distingue e é isso que hoje me distancia dos cosmopolitas e dos exageros esquerdistas. [...] nos últimos seis meses o perigo direitista se acentuou, mas não aquele conceituado pelo marxismo, mas o deslocamento para a direita das grandes massas, que estão se voltando contra o Governo e o Partido [...] para se restaurar a autoridade do Partido, devem ser afastados todos aqueles que nos últimos anos cometeram atos de prevaricação, criminosos, fazendo mau uso da função pública, ferindo gravemente a moral comunista e os requisitos necessários para se exercer um cargo público. As mentiras ditas por membros do Partido devem cessar, tanto na direção do Partido, como no aparelho e na imprensa, pois são antagônicas à moral comunista. (apud Rainer, 1999, pp. 154-5).

Nagy vê a solução do conflito político ainda dentro do partido, pois, como um comunista disciplinado, não consegue enxergar outra saída:

[...] essa luta difícil, que requer sacrifícios, deve ser feita dentro da moral e ética socialista, por aqueles que têm a integridade ética e a retidão para representar a moral mais elevada da sociedade e do Partido. [...] Comunistas assim ainda existem [...]. São os comunistas que têm de assumir essa luta, para que possam salvar o Partido e a integridade dos comunistas, para reconquistar, manter e fazer crescer a fé do povo e a sua confiança [...]. (apud Méray, 1989, p. 113).

Escreve também sobre política externa no texto intitulado "Os cinco pontos básicos das relações internacionais e a questão de nossa política externa", no qual ressalta a necessidade de firmar o caráter soberano do país e aborda questões como a soberania como aspecto fundamental na construção do socialismo, a não intromissão nos assuntos internos do país, o que leva a relações de igualdade entre os países e a convivência pacífica entre eles e a intocabilidade do território. São posições muito corajosas, considerando a relação da Hungria com a URSS. Nagy, de certa maneira, propõe a busca de uma terceira via, uma política externa húngara independente, a convivência pacífica tanto com países socialistas como capitalistas e uma procura de federação com os países vizinhos.

Mas algumas perguntas estavam no ar.

Seria possível um socialismo *democrático*? Seria possível um socialismo dentro de um sistema democrático pluripartidário, com liberdade de imprensa? Seria possível um socialismo com características próprias, apoiado em conselhos operários? Ou um governo socialista necessariamente teria de ser autoritário? Ou os interesses do país tinham sempre que se subordinar aos interesses da URSS?

Seria possível a população usufruir de bens de consumo? Ou socialismo era sinônimo de renúncia, puritanismo, ascetismo? Como esse ascetismo era imposto pelos mecanismos de repressão, seria possível um socialismo não repressivo? O terror, o ódio, os mecanismos de repressão seriam a base do socialismo? Por que era preciso viver sob o signo do medo? Por que havia tantas pessoas nas prisões? Por que em uma população de 9,5 milhões de húngaros havia processos contra um milhão e meio de pessoas? Direitos humanos e socialismo seriam antagônicos?

Por que os altos funcionários do partido podiam tudo e não levavam a mesma vida que o resto da população? Por que a mentalidade do ódio dominava o partido? Por que tanta luta interna pelo poder dentro do partido? A lógica interna de um partido comunista seria a prisão e execução de seus próprios militantes?

Por que não poderia haver liberdade de expressão? Por que a única referência cultural deveria ser a URSS? Por que não ler ou saber o que acontecia no Ocidente? Por que o realismo socialista tinha de ser a única e exclusiva orientação artística? Por que a consciência do Ocidente não enxergava ou não queria enxergar o que se passava na Hungria?

Sim, havia um estado de bem-estar social, havia educação e saúde para todos; sim, a Hungria saíra de uma estrutura social semifeudal; sim, os operários eram agora os eleitos do regime, mas a que preço? Socialismo significava escravizar corpos e mentes? Ou haveria um outro socialismo?

Imre Nagy considerava que sim.

No ano seguinte, em 1956, quando a "tempestade purificadora" chegaria ao seu ápice, surgiria a oportunidade de Imre Nagy responder a essas perguntas, colocando suas idéias em prática.

NOTAS

[1] Bela Kun nasceu em 1886 na Transilvânia. Foi fundador do Partido Comunista Húngaro, liderando em 1919 uma revolta que implantou um regime socialista inspirado no da URSS, que durou três meses. Com a queda de seu governo, refugiou-se na URSS, onde foi calorosamente recebido por Lenin, chegando a ocupar postos de direção dentro do PCUS. Após a morte de Lenin, foi sendo progressivamente afastado de suas funções, até ser acusado de conspirar contra Stalin, o que lhe custou a prisão e posterior condenação à morte na Ucrânia em 1936 (verbete: Bela Kun. *Grande Enciclopédia Larousse Cultural.* São Paulo: Nova Cultural, 1998) .

[2] Em primeiro momento, importantes artistas, escritores e intelectuais húngaros como Lajos Kassák, József Babits, Zsigmond Móricz, Dezsö Kosztolányi, Frigyes Karinthy, Tibor Déry e Gyula Krúdy apoiaram o governo de Kun, pois viam nele a oportunidade de modernização do país com justiça social. Porém a violência e o terror afastaram, por exemplo, o poeta Babits, que mais tarde escreveu: "minha visão de mundo tornou-se totalmente conservadora durante a ditadura do proletariado" (apud Romsics, 1999, p. 129).

[3] Maiores informações no livro *Paz em Paris: a conferência de Paris e seu mister de encerrar a grande guerra,* de Margareth MacMillan (2004).

[4] O Partido Comunista da Hungria foi formado em 1918. Originalmente denominado Partido dos Comunistas Húngaros, passou-se a chamar-se Partido Comunista Húngaro em novembro de 1944. Com a fusão com os social-democratas em junho de 1948, recebeu a nova denominação de Partido dos Trabalhadores da Hungria. Após o levante húngaro de 1956, o governo de Kádár renomeou-o Partido Socialista Operário Camponês da Hungria.

[5] O principal dirigente do Partido dos Trabalhadores da Hungria (PTH) entre 1948 e 1953 era o secretário-geral; de junho de 1953, o primeiro secretário. Assim, Ernö Gerö, sucedendo Mátyás Rákosi, é eleito primeiro secretário. O PTH foi dirigido em seus últimos dias por um Diretório, depois Conselho Presidencial ou Presidium (23-31 de outubro de 1956) que tinha um presidente. A partir de 31 de outubro havia uma comissão executiva formada para preparar o novo partido, o de János Kádár – Partido Socialista Operário Camponês, cujo Comitê Central provisório foi formado em fevereiro de 1957, sendo dirigido por um presidente. Em junho de 1957, voltou a denominação "primeiro secretário", que foi mantida até 1985, quando voltou a denominação "secretário-geral". Na Hungria, o Comitê Político sempre foi Comitê Político, Presidium existiu apenas durante a revolução, fora isso nunca foi utilizado. Como curiosidade, durante a era PTH, o Comitê Central foi chamado Direção Central.

[6] János Kádár nasceu em Fiúme em 1912. Ingressou no Partido Comunista da Hungria em 1931. Foi ministro do Interior em 1948 e esteve preso entre 1951 e 1953, período final do stalinismo, em que lideranças partidárias poderiam ser presas e até mesmo condenadas sem julgamento ou qualquer motivo aparente. Quando eclodiu o levante em 1956, foi ministro do governo Nagy, e após ter desaparecido por três dias voltou à Hungria à frente dos tanques soviéticos anunciando que formara um novo governo. Perdeu seu posto de secretário-geral do Partido Comunista Húngaro em 1988 e foi excluído do Comitê Central em 1989. (János Kádár. *Grande Enciclopédia Larousse Cultural.* São Paulo: Nova Cultural, 1998).

CAMINHANDO PARA A REVOLUÇÃO 51

[7] Sob Bela Kun, as terras se tornaram propriedades do Estado, não sendo permitida sua divisão em lotes, fato que levou ao confronto com os camponeses.

[8] Beria, Laurenti Pavlovitch, estadista soviético (Merkheuli, Adhazia, 1899 – Moscou, 1953), trabalhou, a partir de 1921, nos serviços de Segurança do Estado (Tcheka, depois da PU) da Transcaucásia e assumiu a direção do Ministério dos Negócios Interiores (MVD) da antiga URSS em dezembro de 1938 a 1946. Vice-presidente do Conselho de Ministros *de 1941 a 1953, foi preso e executado alguns meses após a morte de Stalin (Grande Enciclopédia Larousse Cultural*, São Paulo, Nova Cultural, 1998).

[9] Rákosi era de origem judaica.

[10] Ernö Gerö entrou para o PC húngaro em 1918, participando da comuna húngara de 1919, e emigrando após sua queda. A partir de 1931, torna-se membro do Comitê Executivo da Internacional Comunista, atuando na França, na Bélgica e na Espanha durante a Guerra Civil. Neste país é incumbido por Stalin de seqüestrar, torturar e assassinar o líder do Partido Obrero de Unificación Marxista (POUM), Andreu Nin (Courtois e Panné, 2001), tornando-se conhecido como o açougueiro de Barcelona; em 1940 é Gerö quem recruta Ramón Mercader para assassinar Trotsky. Por esses e por outros atos recebe algumas citações, sob o nome de Gall, no romance *Por quem os sinos dobram*, de Ernest Hemingway: "[...] havia Gall, o húngaro, que deveria ser fuzilado, se fosse para se dar crédito à metade do que se ouvia no (hotel) Gaylord. 'Já se deveria fazê-lo por conta de dez por cento do que se ouve no Gaylord', pensou Robert Jordan" (Ernest Hemingway, Por quem os sinos dobram, Rio de Janeiro, Bertrand Brasil, 2004, p. 320).

[11] Ver a edição brasileira da tragédia: Imre Madách, A Tragédia do Homem, trad. Paulo Rónai e Geir Campos, Rio de Janeiro, Salamandra, 1980.

[12] Verso do poeta Sándor Petöfi.

O ANO DE TODAS AS POSSIBILIDADES

Angelo Segrillo

O ano de 1956 trouxe o grande choque do xx Congresso do Partido Comunista da União Soviética (PCUS) em fevereiro, quando Khrushchev, em seu relatório secreto, lançaria o processo de desestalinização. As reverberações das novas diretrizes desse congresso provocariam dissensões e "rachas" nos PCs do mundo inteiro. Na confusão daí advinda, o Cominform seria dissolvido em 17 de abril.[1] Em 17 de junho um protesto de cerca de cem mil trabalhadores em Berlim Oriental (contra aumentos nas normas de trabalho) seria reprimido com violência (saldo oficial: 51 mortos) e em 28 de junho uma manifestação de protesto dos trabalhadores em Poznan, na Polônia, se tornaria uma confrontação com a polícia, resultando em 54 mortos. O terremoto *1956* alcançaria seu ápice na Hungria em outubro...

O XX CONGRESSO DO PCUS E A DESESTALINIZAÇÃO ABERTA

Pode-se presumir[2] que o principal fator a propiciar as revoltas de 1956 pelo mundo socialista (os protestos com morte de trabalhadores na Alemanha Oriental e na Polônia em junho e o levante húngaro em outubro) foi o impacto das decisões do xx Congresso do Partido Comunista da União Soviética, realizado de 14 a 25 de fevereiro daquele ano. Esse congresso foi a culminância de um processo iniciado logo em seguida à morte de Stalin em março de 1953. Naquela época, o receio de uma disputa entre os líderes soviéticos pela sucessão de Stalin fê-los adotar o princípio da liderança colegiada. Após alguns rearranjos iniciais, Malenkov ficou como primeiro-ministro e Khrushchev como primeiro secretário do partido. De início, Malenkov parecia ser o líder mais influente. Sob seu governo foi deslanchada uma silenciosa e discreta descompressão no sistema: prisioneiros do Gulag de certas categorias foram libertados, apareceram artigos na imprensa criticando o excessivo culto à personalidade de líderes partidários, uma ênfase maior na indústria leve e bens de consumo foi proposta em detrimento da concentração excessiva na indústria pesada etc. Em fevereiro de 1955, Malenkov caiu do poder, passando o posto de primeiro-ministro para Nikolai Bulganin. Não foi por acaso que o período de Nagy como primeiro-ministro da Hungria tenha coincidido com o de Malenkov: 1953-1955. Havia certas direções comuns nos dois governos.

Mas as semelhanças escondem diferenças importantes entre os dois líderes, além de um pertencer ao "centro" e outro à "periferia". Nagy era um reformador e liberalizador por natureza. Malenkov foi uma figura bem mais dúbia, ligada no passado às repressões de Stalin. Algumas das reformas de seu governo foram realizadas *malgré lui*, mais como empuxo inercial de um processo iniciado pela liderança coletiva do que apenas por convicções liberalizantes próprias. Tanto que, após certa confusão inicial devido à rearrumação da liderança soviética, os impulsos liberalizantes não perderam força com a queda de Malenkov e a ascensão da estrela do primeiro secretário do partido, Nikita Khrushchev. Ao contrário, receberiam um explosivo impulso no XX Congresso do PCUS em fevereiro de 1956.

Ao final desse congresso, Khrushchev leu um relatório secreto (mas que logo vazou à imprensa no exterior) em que condenava os excessos e crimes do stalinismo de forma explícita. Nesse relatório, apesar de reconhecer que Stalin teve méritos no período de construção partidária e da industrialização e coletivização da agricultura, Khrushchev afirmou com todas as letras que ele extrapolou suas funções de maneira ilegal, promovendo expurgos e execuções em massa, criando um culto à personalidade, ordenando a tortura de adversários e culpando inocentes de serem "inimigos do povo". Khrushchev anunciou, então, que a URSS estava entrando numa nova fase em que as palavras de ordem seriam "extirpar o culto à personalidade", colocar a vida partidária sob a "liderança coletiva" e o signo da "crítica e autocrítica" e restaurar os "princípios leninistas da democracia socialista".

O XX Congresso causaria reverberações não apenas na União Soviética, mas por todo o mundo socialista. A longo prazo, em uma década, os partidos comunistas do mundo inteiro estariam rachando em duas alas: uma mantendo-se fiel à linha moscovita e outra alinhando-se à China em sua

O ANO DE TODAS AS POSSIBILIDADES   55

crítica a Khrushchev e ao anti-stalinismo. A curto prazo, o resultado mais imediato no Leste Europeu seria o de criar um ambiente propício para a crítica aos dirigentes stalinistas lá instalados. Esse seria o caso da Hungria.

Os efeitos do xx Congresso na Hungria foram quase imediatos em colocar sua liderança stalinista na defensiva. Logo a 2 de março, Rákosi foi obrigado a admitir que a acusação de conspiração titoísta que levara o ex-ministro do Interior Rajk e associados à pena capital tinha sido falsa. Durante os meses seguintes, a *Gazeta Literária* e outros órgãos da imprensa conduziram uma campanha de críticas à política de repressão com resquícios de stalinismo no país. Papel central nesse período de crescentes críticas à liderança stalinista teve o recém-criado Círculo Petöfi. Foi um círculo de discussão de intelectuais que se formou ligado à organização oficial da juventude comunista DISz, que tirou seu nome de Alexandre Petöfi, o grande poeta e líder da revolução de 1848 no país. As discussões do Círculo Petöfi, com muitos escritores ligados a Nagy (como Donath, Losonczy e Ujhelyi), foram se tornando cada vez mais críticas e livres. Sua platéia habitual foi aumentando, até chegar às centenas nos meses seguintes, e incluindo cada vez mais estudantes e pessoas comuns, além dos intelectuais.

Os acontecimentos internacionais estimulavam esse ambiente de crítica crescente. O xx Congresso tinha sido entendido em muitos países socialistas não apenas como uma condenação às políticas internas de Stalin, mas também à sua política externa de manter os países e partidos comunistas do Leste Europeu sob a liderança despótica da urss. As ações de Khrushchev na arena internacional pareciam corroborar essa visão. O caso mais visível e influente era o da Iugoslávia, que tinha sido expulsa por Stalin do Cominform em 1948 devido a sua insistência em manter um modelo próprio e independente de socialismo descentralizado. Mesmo antes do xx Congresso, Khrushchev já tinha se reconciliado oficialmente com Tito em sua viagem a Belgrado em maio de 1955. Mas, em 17 de abril de 1956, os líderes soviéticos tomaram uma decisão que pegou o mundo de surpresa: o Cominform foi abolido. A abolição do Cominform, que desde o início tinha sido encarado como uma organização baseada na liderança incontestre da urss, foi recebida como uma vitória "póstuma" de Tito sobre Stalin. Parecia um sinal de que a liderança soviética estava pronta a aceitar a tese iugoslava de que havia diferentes vias para o socialismo e que cada país podia escolher de maneira soberana a trilha mais adequada para si. Isso estimulou movimentos "nacionalistas" dentro mesmo dos partidos comunistas na Europa.

HUNGRIA 1956

Em junho, a abertura da "panela de pressão" atingiu níveis até então considerados impensáveis. Em 17 de junho ocorreria uma manifestação de protesto de cerca de cem mil trabalhadores em Berlim Oriental, com um saldo oficial de 51 mortos devido à repressão. A razão tinha sido o anúncio, pouco tempo antes, do aumento das quotas de produção para os operários. A situação na Alemanha Oriental exemplificaria uma problemática recorrente em outros países socialistas vizinhos. A reconstrução do pós-guerra (em especial nos países vencidos, como Alemanha e Hungria) estava sendo realizada através de planos de industrialização draconianos, baseados em ênfase na indústria pesada e arrocho salarial da classe trabalhadora. Isso levava à insatisfação nas bases operárias. Essa insatisfação transbordou no clima pós-XX Congresso. Mal a liderança alemã conseguia controlar as manifestações na Alemanha, eis que a 28 de junho, na cidade de Poznan, na Polônia, outra greve e protesto violento de trabalhadores acabou em tragédia, com 54 mortos.

Ao contrário da Alemanha Oriental, onde a liderança ortodoxa proveniente da era stalinista conseguiu manter-se no poder através de concessões na área econômica, o caso da Polônia teve um efeito muito maior na Hungria, pois ali os distúrbios de trabalhadores aceleraram a troca de líderes stalinistas por outros mais liberais e mesmo autonomistas. Essa troca já havia sido iniciada durante o próprio XX Congresso do PCUS por uma coincidência fortuita. Ao chegar a Moscou para participar do evento em fevereiro, o secretário-geral do partido, Boleslaw Bierut, um stalinista, passou mal e morreu. Seria substituído no cargo por Edward Ochab, um "centrista" (nem stalinista, nem liberal). Após os distúrbios de Poznan, a ala anti-stalinista pressionou pela reabilitação de Vladislau Gomulka, um líder que havia sido preso em 1951 acusado de direitismo e nacionalismo. Em julho de 1956, ele foi aceito de volta no partido. Daí em diante uma onda de pressões por liberalização no sistema vieram num perigoso crescendo de confrontação, opondo os stalinistas de um lado e os centristas (de Ochab) e os liberais gomulkistas de outro. A Oitava Reunião Plenária do Comitê Central marcada para 19 de outubro de 1956 estava sendo esperada como o grande momento de decisão entre as partes, pois se aventava a postulação de Gomulka como primeiro secretário do partido. Uma tentativa de golpe dos stalinistas na véspera foi impedida através de uma contramobilização dos gomulkistas e centristas. Na manhã de 19 de outubro, uma delegação soviética composta por Khrushchev, Mikoyan, Molotov, Kaganovich e o marechal Konev (comandante-chefe das forças do Pacto de Varsóvia) chegou à capital polonesa para discutir a situação do país, pois Gomulka era considerado um líder comunista nacionalista autonomista. O receio de uma segunda Iugoslávia e de um outro Tito se repetindo na Polônia fez que a visita fosse acompanhada de intimidatórias movimentações das tropas soviéticas do Pacto de Varsóvia. A Nação prendeu a respiração na noite de 19 de outubro, enquanto febris negociações eram travadas entre as partes. Finalmente, um compromisso foi alcançado. Gomulka foi oficializado como primeiro secretário do partido, os soviéticos reconheceram que os poloneses administrassem internamente seus assuntos como bem entendessem (liberdade na escolha do líder, descoletivização da agricultura, entendimento com a Igreja Católica etc.), desde que se mantivessem no âmbito do socialismo e dentro do Pacto de Varsóvia. A chamada *solução polonesa* (autonomia interna, com alinhamento externo ao campo do socialismo real) seria considerada uma grande vitória para Gomulka e para o chamado comunismo nacionalista (a la Tito), e serviria de grande incentivo para a eclosão explosiva do autonomismo na Hungria dali a alguns dias.

Musi to na Rusi, w Polsce jak kto chce...[3]

KHRUSHCHEV NA CORDA BAMBA

Para entendermos a reação dos líderes soviéticos aos acontecimentos na Hungria no final de outubro de 1956, é importante compreendermos a situação da figura-chave de Khrushchev na época. Em 5 de março de 1953, quando Stalin morreu, ele era apenas a quinta figura em importância na hierarquia soviética. No período 1953-1955, em que, de maneira geral, Malenkov ocupava as funções de primeiro-ministro e Khrushchev as de primeiro secretário do partido, Malenkov parecia ser a figura predominante numa liderança basicamente coletiva. Khrushchev, com habilidade, foi evoluindo para uma posição centrista entre as duas alas demarcadas da liderança soviética: a tecnocrática, anti-stalinista (de Malenkov e Mikoyan) e a ortodoxa, stalinista (Molotov, Kaganovich, Suslov). Ora jogava com uma, ora com outra em sua ascensão. Seu grande momento foi em fevereiro de 1955, quando conseguiu, apoiando-se na ala stalinista, derrubar Malenkov do cargo de primeiro-ministro. Nesse momento, a balança pendeu momentaneamente para a ortodoxia: não foi coincidência que à queda de Malenkov na URSS seguiu-se a de Nagy na Hungria em abril.

Mas Khrushchev, em sua luta pelo poder, utilizava uma ala contra a outra, sem se prender em definitivo a nenhuma. Dali a pouco, em 1956-

1957, estaria, de maneira geral, batendo-se contra a ala stalinista para assegurar seu poder. Mas esse não seria um processo linear e unidirecional. Após o XX Congresso do PCUŚ, com as tendências centrífugas e mesmo rebeliões ocorridas em diversos países do Leste Europeu, Khrushchev estaria em vários momentos na defensiva. A ala ortodoxa o colocaria sob pressão, sugerindo que seu processo de desestalinização aberta e radical é que estava criando tais situações e colocando em risco a manutenção da unidade no campo socialista. Eis porque em 1956 Khrushchev muitas vezes se assemelharia a um camaleão, ora adotando posições ortodoxas, rígidas, ora assumindo a postura de reformador arejado. A política externa soviética refletiria essas indecisões e ziguezagues.

E foi através das brechas das indecisões e ziguezagues da liderança soviética que diferentes resultados foram obtidos nos países do Leste Europeu em relação às lutas internas entre stalinistas e anti-stalinistas, ortodoxos e liberalizadores em 1956. Na Hungria e na Polônia a ala liberal, anti-stalinista, tomaria o poder com Nagy e Gomulka. Na Alemanha Oriental, Tchecoslováquia, Bulgária e Romênia os ortodoxos, através de manobras políticas e de uma série de concessões, em especial na área econômica, conseguiriam manter sua hegemonia no processo.

A HUNGRIA EM 1956

Como mencionamos anteriormente, a pressão sobre a liderança stalinista de Rákosi na Hungria começou logo após o XX Congresso do PCUS em fevereiro. Em 2 de março, ele foi obrigado a admitir que a acusação de conspiração titoísta que levara o ministro do Interior László Rajk e associados à pena capital tinha sido falsa. Em 29 de março, Rákosi anunciaria sua reabilitação póstuma. A *Gazeta Literária*, órgão da associação dos escritores húngaros, e outros jornais publicariam artigos pressionando por uma liberalização do sistema. O Círculo Petöfi radicalizaria o tom de seus encontros de discussão, com demandas cada vez mais diretas por queda da censura e repressão. Os distúrbios em 28 de junho em Poznan, na Polônia, forneceriam a Rákosi munição para tentar iniciar uma contra-ofensiva. Em 30 de junho, ele convocou uma reunião do Comitê Central, em que conseguiu passar uma resolução condenando o Círculo Petöfi e a agitação de elementos nagistas. Tentou também jogar os trabalhadores contra os intelectuais rebeldes.

Entretanto, essas tentativas de Rákosi de retomar métodos repressivos stalinistas de controle iam contra a corrente do espírito do XX Congresso. A

17 de julho, dois líderes soviéticos, Mikoyan e Suslov, foram a Budapeste e forçaram sua demissão. No dia seguinte, Rákosi era substituído por Ernö Gerö no posto de primeiro secretário do partido. Ao mesmo tempo foi anunciada a subida de figuras centristas (nem especialmente stalinistas, nem anti-stalinistas), como János Kádár e Gyoergy Marosán ao Politburo.

Entretanto, a nomeação de Gerö como homem forte do partido não aplacou a ira das correntes reformistas, pois ele era considerado também um stalinista, embora mais moderado que Rákosi. O período seguinte seria de um grande tateamento em busca de um equilíbrio do poder. Gerö tentava mostrar moderação, mas ao mesmo tempo não abria mão de um controle forte. No PTH podia-se distinguir, em ordem decrescente de forças, três correntes fluidas: os ortodoxos do tipo stalinistas-rakosistas, os centristas do tipo János Kádár e os liberais nagistas. Como nenhuma facção tinha plena hegemonia sobre as outras duas, as decisões oscilavam ora numa direção ora noutra. Nesse vácuo, a autoridade do partido caía e as demandas aumentavam na sociedade. O Círculo Petöfi reencetou suas discussões cada vez mais radicalizadas. Outros clubes de discussão espalharam-se, em especial nos ambientes estudantis. Novos órgãos de imprensa (como o ferino *Notícias de Segunda-Feira*) aumentavam o tom das críticas ao governo. Um momento de viragem foi a exumação e novo sepultamento, a 6 de outubro, do ex-ministro do Interior Rajk e três de seus companheiros que haviam sido executados de maneira injusta em 1949 e há pouco reabilitados. Uma multidão de trezentas mil pessoas seguiu a procissão do funeral, com Imre Nagy e a viúva de Rajk à frente. O evento foi visto como uma grande vitória para Nagy, que dois dias antes havia solicitado sua readmissão ao PTH. A 14 de outubro Nagy seria reabilitado no partido.

A temperatura seria elevada pelos acontecimentos vindos da Polônia. A confrontação entre a liderança soviética e a polonesa em Varsóvia na reunião do Comitê Central do partido comunista polonês em 19 de outubro, vista como uma vitória de Gomulka, foi recebida em Budapeste como uma demonstração de que seria possível um caminho autônomo para o socialismo. Nos dias 21 e 22 de outubro, várias seções regionais estudantis resolveram abandonar a organização oficial da juventude comunista (DISZ) e formar uma entidade autônoma, que recebeu o nome da antiga organização estudantil MEFESZ. Os estudantes convocaram uma grande demonstração de solidariedade à Polônia para o dia 23 de outubro.

Esse é um ponto crucial da história. Se as exigências dos intelectuais do tipo Círculo Petöfi eram por liberalização, mas de maneira ainda algo moderada

HUNGRIA 1956

e dentro da chamada legalidade socialista vigente, os estudantes começavam a se tornar mais radicais do que isso. Dentro da heterogeneidade do movimento estudantil, apareciam algumas alas já exigindo a saída das tropas do Pacto de Varsóvia e eleições multipartidárias do tipo que existiram no imediato pós-guerra. Como veremos adiante, o movimento rumo à revolta húngara começou tendo como precursores as demandas dos escritores e intelectuais, com papel de destaque para o Círculo Petöfi. Os estudantes alargariam o diapasão das demandas e sua maior radicalidade desempenharia papel primordial para a eclosão do levante em 23 de outubro. Mas o movimento adquiriu caráter de massa, impossível de ser reprimido como uma simples manifestação de estudantes, quando os trabalhadores foram se juntando a ele nos dias seguintes. A adesão dos trabalhadores deu-lhe um caráter qualitativamente novo e foi o que o tornou em definitivo uma ameaça direta ao sistema vigente.

13 DIAS QUE ABALARAM O MUNDO SOCIALISTA (23 OUT. – 4 NOV.)

TERÇA-FEIRA, 23 DE OUTUBRO

O regime percebeu o potencial da manifestação estudantil marcada para 23 de outubro às 13h. A idéia era fazer uma marcha (de solidariedade à Polônia) até a estátua do general József Bem, o polonês que lutou com os húngaros em 1848. A lista das exigências dos estudantes nos panfletos improvisados incluía eleições livres, imprensa livre, a volta de Nagy ao poder, reformas da economia e do sistema legal, relações independentes da Hungria com Moscou e a retirada das tropas soviéticas da Hungria. O primeiro secretário do partido, Gerö, que havia acabado de chegar de manhã com o primeiro-ministro Hegedüs de uma viagem à Iugoslávia, decidiu-se pela proibição do evento. Mas, perante a determinação dos estudantes em realizá-la à revelia, voltou atrás e permitiu-a.

A marcha começou às 15h, dividida em duas colunas: uma saindo da estátua de Petöfi em Peste e outra da Politécnica em Buda. Às 16h30, cerca de cinqüenta mil pessoas estavam em frente à estátua do general Bem, onde as exigências dos estudantes foram lidas e poemas de Petöfi declamados. Mas depois, a multidão não se dispersou como esperado. Com os ânimos exaltados e a multidão aumentada pelo resto da população que saía do trabalho, alguém sugeriu que dali se fosse até o Parlamento para apresentar as exigências. Essa parte não estava prevista no roteiro autorizado pela polícia, e foi ali que a situação começou a sair dos limites. A multidão atravessou o Danúbio pelas pontes Kossuth e Margarida e chegou à praça do Parlamento. Por volta das 18h, cerca de duzentas mil pessoas estavam lá reunidas. Começaram a gritar *slogans* cada vez mais agressivos exigindo a queda do governo e que Imre Nagy viesse falar a eles. Nesse ínterim, um outro grupo se reuniu em frente ao prédio da Rádio Budapeste na rua Alexandre Brody. A situação então se tornou tensa, em especial quando a multidão começou a tentar quebrar e derrubar a estátua de Stalin. O partido entrou em alerta máximo. As forças da polícia comum e da polícia secreta (ÁVH) foram colocadas de prontidão e tropas militares chamadas a Budapeste. Entrementes, o embaixador soviético na Hungria, Yurii Andropov (o mesmo que em 1982 se tornaria líder supremo da URSS após a morte de Brezhnev), colocou as tropas soviéticas de prontidão. Às 20h, o primeiro secretário do PTH, Gerö, falou à nação pelo rádio. Seu discurso, exortando os compatriotas a evitar qualquer "rompimento da ordem, envenenamento nacionalista e provocação", exacerbou ainda o ânimo dos manifestantes. As tropas tentaram dispersar a multidão reunida em frente ao prédio da Rádio Budapeste, resultando em tiroteio. Os demonstrantes então tentaram invadir o prédio da rádio e a situação degenerou em clima de batalha campal.

O episódio da Rádio Budapeste, com feridos e mortos, representou o *big bang* da transformação do protesto pacífico em guerra civil.

Nesse ínterim, em frente ao Parlamento, finalmente Imre Nagy chegou para falar à multidão. A essa altura, os próprios membros da direção do partido (de cuja liderança Nagy não fazia parte) colocavam esperança de que seu discurso pudesse acalmar a multidão. Imre iniciou sua fala dizendo "Camaradas!" (o termo de praxe entre comunistas). Entretanto, ouviram-se gritos de resposta: "Nós não somos camaradas". Nagy continuou de maneira a tentar quebrar o gelo.

> Compatriotas e amigos [...]. Saúdo com carinho os presentes. Toda a minha consideração à juventude democrática húngara, que com a manifestação democrática de hoje quer ajudar na remoção dos obstáculos no caminho do socialismo democrático. [...] A possibilidade de abertura está no caminho do debate e reforma interna do partido. Nossa meta é a manutenção da ordem constitucional e disciplina. O governo não tardará com a abertura [...].

De acordo com o clima com que seu discurso moderado foi recebido, ao final, Nagy pediu à multidão que cantasse não o hino nacional comunista, mas *Szózat*, um hino patriótico húngaro.

Imre Nagy

Afinal, quem é esse Imre Nagy que a multidão tanto pediu e cujo discurso foi recebido de maneira algo distante? Não parece uma contradição a diferença entre esses dois momentos? Para entender isso, é preciso notar a contradição representada pela sua figura naquelas circunstâncias.

Nagy era um comunista em sua essência. Mais ainda era um homem de partido. Como militante educado na disciplina do centralismo democrático, não se imaginava como um reformador fora do partido e sim um reformador dentro dele e com permissão de suas instâncias superiores, cuja maioria almejava conquistar pela luta política legal. Como notado *supra*, os organizadores estudantis da passeata à estátua de Bem tinham, dentro da grande heterogeneidade de suas hostes, componentes bem mais radicais que os do Círculo Petöfi, por exemplo. Alguns almejavam até o retorno do multipartidarismo da coalizão inicial do regime socialista na Hungria e a retirada das tropas soviéticas do país. Por isso, quando Nagy, em seu discurso inicial aos "camaradas" estudantes, utilizou uma abordagem apoiando o movimento, mas mostrando-se moderador e pedindo confiança que reformas seriam possíveis através do partido, uma parte da multidão, esperando algo mais radical, ficou decepcionada.

Esse momento inicial é importante para entender a figura de Nagy durante todo o processo. Veremos que o movimento de protesto, em especial quando os trabalhadores se juntarem a ele e se tornarem até sua espinha dorsal, será bastante heterogêneo. O que unirá todas as correntes será uma posição de defender os interesses nacionais da Hungria, mas de resto teremos desde alas que defenderão a manutenção do regime socialista "com feição húngara" até contingentes que preferiam a derrubada do sistema comunista como um todo. Mesmo para estes últimos, que não confiam em comunistas, Nagy constituiria a figura emblemática da liderança, pois era o único a ter o *background*, o carisma e a confiança da população necessários para uma alternativa real de transformação do sistema.

Nagy se torna primeiro-ministro de novo

Na verdade, mesmo para os stalinistas antinagistas, Nagy se tornaria a única alternativa viável. Com a situação saindo do controle (o tiroteio e batalha de rua em frente ao prédio da Rádio Budapeste se espalhou para outras áreas da cidade, com os rebeldes buscando armas junto aos depósitos de munição), o Comitê Central do PTH se reuniria numa longa sessão extraordinária noite adentro da qual Nagy emergeria nomeado primeiro-ministro. Mas essa longa sessão teria uma tortuosa existência, caminhando em várias direções diferentes até alcançar aquele resultado pró-Nagy.

Antes de chegarmos lá, precisamos rememorar os principais acontecimentos daquela noite que levaram o Comitê Central à sua reunião de emergência.

Se a multidão se dispersou (mesmo que insatisfeita) após o discurso conciliador de Nagy em frente ao parlamento às 21h, o mesmo não aconteceu com o grupo menor reunido em frente ao prédio da Rádio Budapeste. Após o discurso de Gerö às 20h, um tiroteio e uma batalha de rua se estabeleceu ao redor do prédio. De lá o clima de desordem se espalhou para outros pontos da cidade. Pior: manifestantes mais exaltados partiram para as fábricas de armas e depósitos de munição para se armarem. Às 21h30, a estátua de Stalin foi afinal derrubada. Às 22h, os insurgentes invadiram a sede do jornal partidário *Szabad Nép* ("Povo livre"). Um clima de batalha campal se espalhava pela cidade.

Às 23h, teve início a reunião extraordinária do Comitê Central do PTH. Foi uma longa reunião madrugada adentro, descrita com versões contraditórias até hoje. Nagy foi chamado para dela participar, apesar de não ter até ali nenhum posto no partido. O Comitê Central decidiu criar uma junta militar especial para lidar com os distúrbios e aprovou o convite para que as tropas soviéticas estacionadas no país ajudassem no controle da situação. Depois Imre Nagy foi nomeado primeiro-ministro, com Hegedüs passando a ser seu vice e Gerö conservando o cargo de primeiro secretário do partido. Como se vê, a solução de colocar Nagy mantendo Gerö seria a fórmula para um governo contraditório. Isso se refletiria nos primeiros decretos emitidos.

QUARTA-FEIRA, 24 DE OUTUBRO

Entre 8h e 10h da manhã a rádio transmitiu as decisões do Comitê Central: a nomeação de Nagy, convite para que as tropas soviéticas auxiliassem na manutenção da ordem, a implantação de lei marcial com proibição imediata do agrupamento de pessoas e toque de recolher obrigatório. Essas ordens foram desobedecidas pelos rebeldes. Os tanques soviéticos (estacionados na Hungria desde o final da guerra) chegaram a Budapeste e se posicionaram, caso recebessem ordem para abrir fogo. Os combates de rua se espalharam do prédio da Rádio Budapeste (que havia sido ocupada pelos rebeldes durante a madrugada) para vários outros pontos da cidade. Os confrontos armados principais estavam na região do cine Corvin, na praça Baross e na rua Trompa. No decorrer do dia, os prédios do Ministério do Interior e da Defesa sofreram ataques dos rebeldes. Entretanto, é importante notar que a liderança do partido ainda não dera ordem para que os policiais e soldados atirassem contra quem desafiasse o toque de recolher. Isso explicava o crescente poder dos rebeldes.

Essa escalada dos confrontos só foi possível porque os trabalhadores se uniram aos estudantes nos protestos. Inclusive muitos trabalhadores de fábricas do setor de armamento conseguiram trazer consigo material bélico para os combates de rua. O clima passava a ser de guerra civil, e não apenas em Budapeste, pois o movimento se espalharia para outras cidades. No final do dia, o número de vítimas fatais chegou a 250.

Conselhos de Trabalhadores

Na fábrica IZZO Unida, ainda no dia 24 de outubro, formou-se o primeiro Conselho de Trabalhadores. A partir daí, nos próximos dias, Conselhos seriam formados em várias fábricas do país. Esses órgãos, eleitos em assembléias pelos trabalhadores, na confusão dos dias que se seguiram na prática, passariam a organizar e dirigir não somente as atividades de greve, como também a própria produção (por exemplo, Conselhos de empresas do setor de armamentos forneceriam equipamento para os rebeldes etc.). Esses Conselhos, junto com os comitês revolucionários (que se formariam em bases regionais de distritos ou cidades nos dias seguintes) ironicamente reproduziriam aspectos de auto-organização dos famosos sovietes de trabalhadores da revolução de 1917 na Rússia. A formação dos Conselhos de Trabalhadores se revelaria um importante esteio do caráter socialista do movimento húngaro de 1956. De maneira geral, as exigências, mesmo dos Comitês Revolucionários mais radicais, não incluíam o retorno da propriedade privada, a restauração capitalista ou a volta dos partidos de direita da Hungria pré-guerra. A corrente principal do movimento, apesar de sua heterogeneidade, parecia caminhar na direção da construção de um socialismo húngaro próprio.

Indecisões do governo e do partido

O fato de Nagy ter sido nomeado primeiro-ministro, sem a simultânea ascensão à liderança de uma maioria sólida de correligionários seus, e de estar dividindo o poder com Gerö explica por que em 24 de outubro vários decretos ameaçadores emitidos pelo governo têm a assinatura do próprio Nagy, como o que ordena o julgamento e execução sumária dos que praticarem atos de revolta, uso da força e agitação. Em muitos comunicados, os manifestantes rebeldes são chamados de "contra-revolucionários" e "bandidos". Posteriormente, os próprios rebeldes espalharão a versão que esses decretos de Nagy no primeiro dia foram resultado do fato de que ele era, de início, um virtual refém do partido, sem poderes autônomos devido à falta de apoio suficiente na cúpula. Nagy reforçará essa tese, dizendo, por exemplo, que a decisão de pedir às tropas soviéticas para ajudar na manutenção da ordem teria sido dada por Gerö, sem seu consentimento (o que seria negado por este). Entretanto, uma visão mais realista poderá mostrar que, independentemente de tudo, as primeiras atitudes da Nagy no governo foram um reflexo de suas próprias dúvidas em relação aos objetivos do movimento e de suas possibilidades. Como ele mesmo deixou antever em alguns de seus discursos iniciais pelo rádio, Nagy parecia encarar o movimento como, no mínimo, correto e realizado por gente idealista, mas que poderia ser utilizado por elementos extremistas ou provocadores para fins além dos que ele considerava justos para a Hungria. Seria somente depois de muita vacilação que, a partir de 28 de outubro, Nagy começaria a se posicionar de maneira inequívoca ao lado dos manifestantes.

QUINTA-FEIRA, 25 DE OUTUBRO

No dia anterior, os representantes soviéticos Mikoyan e Suslov haviam chegado a Budapeste. Criticaram Gerö pelo fato de sua política inflexível ter levado a essa explosão de descontentamento. No dia 25, em sessão com a participação de Mikoyan e Suslov, o Comitê Central do PTH destituiu Gerö e nomeou, como novo primeiro secretário, János Kádár. Kádár, que tinha sofrido perseguição e prisão por parte do regime rakosista em certo período no passado, apesar de ser um centrista nas disputas internas do partido, era percebido como alguém que podia trabalhar em sintonia com Nagy. Às 15h15, Kádár falou pelo rádio seguido por Imre Nagy. Kádár disse que a maioria dos manifestantes eram pessoas honestas e bem-intencionadas, mas forças anti-revolucionárias se misturavam ao movimento. Nagy e Kádár anunciaram que, após a ordem ser restaurada, seriam iniciadas negociações para a retirada de tropas soviéticas do país.

A situação continuava confusa e piorando. Prosseguia nesse dia a formação de Conselhos de Trabalhadores nas fábricas (por exemplo, na ilha com parque siderúrgico de Csepel, na cidade de Györ etc.) e se iniciava a de Conselhos Revolucionários regionais (*e.g.*, nas cidades de Debrecen, Szeged etc.).

A vingança dos rebeldes em Budapeste se concentrava contra os membros da temida polícia política (ÁVH), que era especialmente temida e odiada pela população por seu papel de destaque nos expurgos e prisões por motivações políticas no país. Enquanto o relacionamento com a polícia

66 HUNGRIA 1956

comum e o exército era mais respeitoso, havendo inclusive casos de confraternização dos dois lados, a partir do dia 25 começaram a se intensificar as perseguições pelos rebeldes de membros da ÁVH para vingança e justiçamento. Muitos membros da ÁVH seriam perseguidos e mortos durante o levante.

SEXTA-FEIRA, 26 DE OUTUBRO, E SÁBADO, 27 DE OUTUBRO

Na sexta-feira, o Conselho Nacional dos Sindicatos (oficial) assumiu a idéia da formação de Conselhos Operários e implementação da autogestão nas fábricas. Os Conselhos Operários seriam eleitos por todos os trabalhadores em cada unidade produtiva. Sugeriu-se a mudança jurídica na qual as empresas deixariam de ser simples propriedade estatal para serem propriedade estatal administrada pelo Conselho Operário. Há aqui semelhanças com o modelo da Iugoslávia.

O clima de guerra civil já se espalhara para a grande maioria das cidades do país. Sedes locais do PTH e delegacias eram invadidas, documentos queimados e prisioneiros políticos libertados. Os rebeldes conseguiam armas dos trabalhadores de fábricas de armamento ou de depósitos de munição. Já se formavam líderes militares dos rebeldes em bases regionais e descentralizadas. O mais famoso deles foi József Dudás, um operário que formaria a unidade militar improvisada rebelde mais influente em Buda. Durante o levante, proclamaria a criação de um Comitê Revolucionário nacional, ocuparia a sede do jornal *Povo Livre* e de lá imprimiria seu próprio jornal, *Independência Húngara*. Tornar-se-ia uma figura a ser levada em consideração naqueles dias pelas autoridades: se recusaria a reconhecer o novo governo de Nagy a não ser que aceitasse uma lista de 25 exigências suas. Na cidade de Györ, uma estrutura militar rebelde, sob liderança de um político local, Attila Szigethy, tomaria a prefeitura nos próximos dias, formando um autoproclamado conselho nacional, e também faria exigências ao governo Nagy, ameaçando marchar sobre Budapeste à frente de dez mil rebeldes. Um centro importante de resistência armada organizada seria o Quartel Kilián em Budapeste, onde o coronel Paul Maléter havia passado para o lado dos rebeldes. O outro foco encarniçado de resistência armada popular na capital seria o da praça Széna, em Buda, defendida por um grupo de rebeldes chefiados por um trabalhador que se tornaria conhecido na Hungria como "Tio Szabó".

No dia 27, Nagy recebeu uma delegação de escritores e artistas famosos, muitos aliados seus de longa data (Miklós Gimes, József Szilagyi, Tamas

Aczel e outros), que lhe entregam um documento pedindo que se aliasse aos anseios democráticos nacionais.

Nos dias 26 e 27, ficava claro que a indecisão entre reprimir com violência o levante ou continuar na atitude dúbia em relação a ele estava chegando ao seu limite máximo suportável. Nagy teria que fazer algo para a balança pender para um dos lados e resolver a questão.

DOMINGO, 28 DE OUTUBRO

Após frenéticas negociações, que incluíram os enviados russos Mikoyan e Suslov, ocorreu uma reformulação no governo e no partido. Da liderança do partido foram afastados vários stalinistas, incluindo Gerö e Hegedüs. Um comitê de emergência de seis membros foi constituído para servir como a presidência coletiva do PTH. Era composto de János Kádár, Antal Apró, Károly Kiss, Ferenc Münnich, Zoltán Szántó e Imre Nagy. Desses, três eram considerados próximos às posições nagistas (Kádár, Szántó, Nagy) e três ortodoxos (Münnich, Kiss, Apró). No governo, as mudanças anunciadas no dia anterior mostraram-se ainda mais sensíveis. Foram nomeados alguns ministros não-comunistas, provenientes dos antigos partidos da coalizão de 1945. Entre eles, estavam os ex-membros do Partido dos Pequenos Proprietários Rurais Zoltán Tildy (ex-presidente da República e que foi nomeado ministro de Estado) e Béla Kovács (antigo secretário-geral do Partido dos Pequenos Proprietários Rurais e que agora seria ministro da Agricultura). O filósofo György Lukács, comunista, assumiu a pasta da Cultura. Apesar de ainda subsistirem alguns comunistas ligados ao regime Rákosi (como Imre Horváth, ministro do Exterior, Antal Apró e outros), muitos ex-rakosistas foram destituídos (László Piros, o antigo ministro do Interior e chefe da ÁVH; István Bata, o antigo ministro da Defesa, entre outros).

As modificações trouxeram uma sensível mudança de tom nos pronunciamentos das autoridades. Nagy, pela primeira vez, afirmou com todas as letras que "o governo desaprova os que afirmam que o presente movimento do povo é uma contra-revolução... Não há dúvida de que é um movimento democrático nacional que inspirou toda a nação". É importante notar que esse novo tom, que seria incorporado pelas autoridades e imprensa oficial húngara, contradizia o que os editoriais do *Pravda* de Moscou dos dias anteriores diziam até ali, tachando os rebeldes húngaros de contra-revolucionários e fora-da-lei.

Nagy também anunciou o início de negociações com os rebeldes para o cessar-fogo, um acordo com os soviéticos para que os tanques russos evacuassem Budapeste e que a polícia secreta (ÁVH) seria abolida tão logo a situação se acalmasse.

A resposta de muitos líderes rebeldes às mudanças na liderança ficaram bem longe do que Nagy esperava. Muitos deles (*e.g.*, Dudás, Szigethy e o próprio Maléter) demonstraram desconfiança, exigindo a retirada total das tropas soviéticas do país. Os amotinados do largo Corvin (um dos focos principais de batalha na capital), além disso, chegaram a exigir um governo provisório dirigido pelo escritor Péter Veres, que estava reorganizando o Partido Nacional Camponês.

Ficava claro que a estratégia de Nagy de colocar alguns ministros não-comunistas no governo (eram quatro em um total de 27 membros do gabinete), que antes do levante seria um passo ousado, no contexto já radicalizado da situação não se mostrava suficiente para aplacar a ira popular.

SEGUNDA-FEIRA, 29 DE OUTUBRO

Estoura a guerra do Suez...

Nesse dia ocorreu um incidente internacional, não ligado à crise da Hungria, mas que repercutiria nela: o início da guerra do canal de Suez, com o ataque de Israel ao Egito. O presidente egípcio, Gamal Abdel Nasser, havia nacionalizado o canal de Suez em julho e as crescentes dificuldades para utilização daquela rota pelos israelenses fizeram com que Israel decidisse tentar liberar o canal à força. Em 31 de outubro, a Inglaterra e França enviariam forças militares, tomando o lado dos israelenses. Isso causaria um imenso imbróglio diplomático na ONU, que coincidiria com o auge da crise húngara, quando a 4 de novembro as tropas do Pacto de Varsóvia fariam sua invasão final para terminar com o regime Nagy. A crise do Suez afetou de maneira negativa o governo húngaro em dois sentidos. Em primeiro lugar, a mera existência de uma crise internacional com envolvimento direto de Inglaterra e França, além do aliado essencial dos EUA (Israel), desviaria atenção e esforços dos problemas em um país menos vital no tabuleiro do jogo internacional como a Hungria (além do mais, pertencente ao campo do Leste Europeu). O foco das atenções mundiais estava desviado para o Oriente Médio. Mas havia um componente ideológico importante. O fato de um país do Oriente Médio estar sendo invadido por potências ocidentais, como a Inglaterra e França, fez com que os esforços diplomáticos dessas mesmas potências para condenar a invasão soviética da Hungria perdessem legitimidade e tomassem aparência de hipocrisia. O precedente de

O ANO DE TODAS AS POSSIBILIDADES 69

"invasão" aberto pelos ingleses e franceses e o foco de atenções que se voltaram para isso facilitou ideologicamente a tomada da decisão de invasão da Hungria pelos soviéticos. Para completar, esses mesmos dias representavam as vésperas da eleição presidencial americana de 6 de novembro (em que Dwight D. Eisenhower conseguiria reeleição derrotando o democrata Adlai E. Stevenson). As atenções do presidente Eisenhower, naqueles dias finais de outubro e início de novembro, estavam divididas entre todos aqueles processos ocorrendo ao mesmo tempo. Isso explicaria um pouco por que, nos dias seguintes, tanto os EUA quanto a ONU seriam algo lentos e indecisos em suas reações à crise da Hungria e em condenar a futura invasão do país.

Internamente na Hungria

O que foi dito anteriormente sobre o contexto internacional afetaria o correr dos próximos dias. Mas em 29 de outubro essas tendências estavam apenas nascendo. Dentro da Hungria, Nagy iniciava sua jornada para tentar incorporar o movimento rebelde sob as asas de seu governo. Uma vez assumido em definitivo que aquele não era um movimento contra-revolucionário, mas um movimento democrático nacional, Nagy iniciou conversações para o cessar-fogo com vários grupos rebeldes. Entretanto, muitos deles mantinham desconfiança de um governo ainda eminentemente comunista. Exigiram não apenas a retirada das tropas soviéticas de Budapeste, como estava sendo anunciada, mas de toda a Hungria. Apesar da ordem de cessar-fogo (a não ser em caso de autodefesa) dada às forças governamentais, escaramuças prosseguiam em várias partes do país. A essa altura, as fábricas estavam tomadas por Conselhos Operários, várias cidades instalavam Comitês Revolucionários e líderes de movimentos rebeldes armados mais organizados aumentavam seu poder.

Após a já citada ocupação em 29 de outubro, da sede do jornal *Povo Livre* pelo líder operário József Dudás, a sede do *Szabad Nép*, naqueles dias, guardava semelhança com a célebre casa-da-mãe-joana, passando a ser utilizada por diversos grupos ao mesmo tempo para a confecção de diferentes jornais alternativos: Julius Obersovsky publicava o *Igazság* ("Verdade") e Miklós Gimes publicaria o *Magyar Szabadság* ("Liberdade Húngara"), por exemplo.

Com a formação de tantas instâncias paralelas de poder e a evidente insatisfação ainda existente com a composição do governo, Nagy aprofundou sua percepção de que, excluída a possibilidade de repressão total ao movimento, a única possibilidade de seu governo não ser esmagado

HUNGRIA 1956

por um potencial aumento e união de forças dessas instâncias paralelas (e ainda manter o caráter geral socialista do país) seria compor um governo realmente de coalizão multipartidária com outros partidos progressistas, mais ou menos nos moldes da grande frente de 1945 no país. Esse passo seria dado no dia seguinte.

TERÇA-FEIRA, 30 DE OUTUBRO

E a volta do multipartidarismo...

No dia 30 de outubro, um passo decisivo foi dado. Foi o que impulsionou o movimento húngaro ao seu ápice e que também lançaria as sementes do que viria a ser posteriormente sua ruína. Nessa terça-feira, Nagy anunciou o que, na verdade, representava um governo multipartidário. Dentro do ministério, ele criou um gabinete interno constituído de dois membros do Partido dos Pequenos Proprietários Rurais (Zoltán Tildy, Béla Kovács), um ex-membro do Partido Nacional Camponês (Ferenc Erdei) e três comunistas que tinham sofrido perseguições no tempo de Rákosi (Nagy, János Kádár, Géza Losonczi). Um lugar foi deixado vago para os social-democratas, que ainda não se haviam reconstituído. Esses eram os partidos que fizeram parte da coalizão governamental de 1945 (reunindo partidos dos trabalhadores e camponeses) no imediato pós-guerra. Nagy estava jogando no limite. Se por um lado estava virtualmente extinguindo o sistema de partido único, por outro poderia sempre argumentar que estava apenas repetindo o que tinha sido uma experiência bem-sucedida implementada pelos próprios soviéticos ao chegarem à Hungria em 1944.

Logo após o início do levante, alguns desses partidos haviam começado a se reorganizar. No dia 24 de outubro, antigos membros do Partido dos Pequenos Proprietários Rurais reativaram a organização sob a liderança de József Kövago e Károly Kiss . O Partido Nacional Camponês foi recriado em 25 de outubro e renomeado Partido Petöfi. O partido social-democrata se reorganizaria no dia 31 de outubro, tendo Anna Kéthly como presidente. Dois social-democratas (Kéthly e Gyula Kelemen) se tornariam ministros no governo Nagy. Nagy incentivou Kéthly a viajar no dia seguinte para Viena para participar da reunião da Internacional Socialista no dia 1º de novembro e aproveitar e falar da situação na Hungria.

Aos poucos, o governo Nagy parecia ir conseguindo controlar a situação. Com sua ordem de cessar-fogo, o início da retirada das tropas russas de Budapeste e a incorporação de outras forças ao governo, os combates diminuíram e uma relativa calma estava se instalando. Com a promessa do

O ANO DE TODAS AS POSSIBILIDADES   71

governo de discutir a retirada das tropas soviéticas da Hungria, mesmo os rebeldes anticomunistas e antinagistas mais empedernidos compreenderam que aquele era um momento decisivo e que se desse certo poderia significar a vitória do levante húngaro, já que havia promessas vagas de eleições livres no futuro. Nagy caminhava no limite e todos entendiam isso.

Os russos pareciam ter aceitado essa nova situação. A Rádio Moscou, no dia 30, transmitiu à noite uma "Declaração Sobre as Relações Entre os Estados Socialistas" em que a liderança soviética dizia-se disposta a discutir a questão das tropas russas estacionadas no Leste Europeu desde a guerra. Admitia que houve casos de "violações e erros" que infringiram os princípios de igualdade entre países soberanos. Comunicava que as tropas russas estavam sendo evacuadas de Budapeste e que negociações poderiam ser realizadas com a Hungria sobre a evacuação das tropas do país, caso assim fosse desejado pelo governo húngaro. O *Pravda*, que até o dia anterior estava tratando os rebeldes húngaros como "contra-revolucionários" e "bandidos", publicaria a declaração na íntegra.

Ou seja, o dia 30 de outubro, em retrospectiva, mostra-se o ápice do movimento húngaro de 1956. O impossível parecia estar acontecendo.

QUARTA-FEIRA, 31 DE OUTUBRO

Mas todo ápice é, por definição, o início do declínio. Nagy esticou a corda ao máximo e agora caminhava no limite.

E a corda se rompeu. Um debate entre os historiadores é sobre o momento exato em que ela se rompeu. O que teria sido o ponto-limite que fez detonar a invasão da Hungria pelas tropas do Pacto de Varsóvia? Teria sido a virtual implantação do multipartidarismo em 30 de outubro, como querem alguns (dizendo que as declarações oficiais soviéticas daquele dia seriam uma espécie de *mise-en-scène*)? A proclamação de Nagy sobre a neutralidade da Hungria e sua retirada do Pacto de Varsóvia a 1º de novembro?

Mas estamos nos adiantando no tempo. Por enquanto os húngaros curtiam, nos arredores do dia 30, o que parecia ser um momento de triunfo do seu movimento de libertação nacional.

Em 31 de outubro, de acordo com o clima de fusão entre governo e população, Nagy nomeou o tenente-general Béla Kiraly comandante-chefe da Guarda Nacional, com Pál Maléter (o comandante que se passara para o lado dos rebeldes no quartel Kilián) como vice-ministro de Segurança. No quartel Kilián uma reunião criou o Comitê Revolucionário das Forças de Segurança, que será formado por contingentes das forças governamentais e

HUNGRIA 1956

dos rebeldes. Alguns grupos rebeldes aceitaram, mas József Dudás recusou-se a incorporar seu grupo paramilitar.

Nessa quarta-feira, para marcar a nova situação, a liderança comunista decidiu extinguir seu partido (o Partido dos Trabalhadores da Hungria – PTH) e criar uma nova organização com o nome de Partido Operário Socialista Húngaro, com János Kádár à frente. Seu Comitê Administrativo Provisório foi constituído por Kádár, Imre Nagy, György Lukács, Ferenc Donath, Kopacsi Sándor, Géza Losonczy e Zoltán Szántó.

Entretanto, além dos partidos que formavam o novo governo, outras estruturas partidárias antigas iam se (re)constituindo por volta desse dia 31, como, por exemplo, o Partido Popular Democrata Cristão, o Partido Popular Democrata e o Partido Independente Húngaro. O futuro dessas organizações fora do âmbito dos partidos da coalizão "progressista" de 1945 era uma incógnita e criava expectativas quanto à constituição de uma democracia multipartidária do tipo burguesa no país.

Nessa quarta-feira chegou a Budapeste o cardeal József Mindszenty, que havia sido libertado na véspera. József Mindszenty era a figura máxima da Igreja Católica na Hungria e tinha sido preso em dezembro de 1948 por motivos políticos. Por seu anticomunismo e por sua influência entre os católicos, sua volta era mais um fator de pressão para que o sistema se abrisse para abrigar forças políticas ainda não contempladas no modelo nagista de governo.

Em relação aos soviéticos, sinais dúbios persistiam. Oficialmente, as tropas russas estavam evacuando Budapeste. Entretanto, ouviam-se relatos de novas tropas russas entrando na Hungria pela fronteira oriental. Na quinta-feira, o governo húngaro questionaria o embaixador Andropov sobre isso e ele negaria. Mas os relatos de entrada de tropas estrangeiras persistiriam e colocariam o governo Nagy em tensão: estaria uma invasão sendo planejada?

QUINTA-FEIRA, 1º DE NOVEMBRO

No dia 1º de novembro, Nagy estava diante de um dilema sério. Apesar de todos os desmentidos soviéticos, tropas russas foram vistas entrando no país. Para completar a suspeição, o exército soviético havia cercado e ocupado o aeroporto de Budapeste, sob a alegação de transporte de feridos. O embaixador Andropov, que antes negara a entrada de novas tropas soviéticas na Hungria, passou a dizer que as que tinham entrado nas últimas horas destinavam-se à substituição de tropas antigas e serviriam para proteger a população russa civil na Hungria. Exasperado, por volta do meio-dia, Nagy

O ANO DE TODAS AS POSSIBILIDADES   73

deu um ultimato a Andropov: se não houvesse uma imediata interrupção da entrada de tropas soviéticas no país, ele apelaria para as Nações Unidas.

Um novo limiar era atingido. Quais seriam as reais intenções dos russos? Eles estavam abandonando Budapeste. Mas o influxo de tropas novas pela fronteira oriental significaria que uma invasão estava sendo preparada? Como lidar com a situação? Tentar apaziguar os soviéticos e acreditar no conteúdo de suas declarações oficiais pelo rádio e pelo *Pravda* de que novas formas de relação com o Leste Europeu seriam estabelecidas? Ou se precaver e tomar uma atitude radical para impedir a entrada de novas tropas? Mas que atitude radical seria essa? Apelar para as Nações Unidas e para as potências ocidentais? Será que essas potências se arriscariam a uma confrontação com a poderosa URSS por causa da pequena Hungria? Pior ainda, as potências ocidentais se arriscariam pela pequena Hungria em um contexto em que uma outra crise internacional estava acontecendo em Suez? Com uma crise internacional estourada, arriscar-se-ia o Ocidente a provocar uma outra?

Às 14h o gabinete interno de Nagy se reuniu para solucionar de vez a situação. Nagy foi nomeado também ministro do Exterior. Com exceção de György Lukács e Zoltán Szántó, que foram contra, todos (incluindo Kádár) aprovaram a seguinte declaração a ser enviada às Nações Unidas:

> Relatos confiáveis chegaram ao Governo da República Popular Húngara de que mais unidades soviéticas estão entrando na Hungria. O primeiro-ministro, em sua capacidade de ministro do Exterior, convocou o Sr. Andropov, embaixador extraordinário e plenipotenciário da União Soviética na Hungria, em relação a esse assunto e expressou seu forte protesto contra esta entrada de unidades adicionais de tropas soviéticas na Hungria. Demandou uma retirada instantânea e imediata dessas forças. Declarou ao embaixador soviético que o governo húngaro imediatamente repudia o Pacto de Varsóvia e ao mesmo tempo proclama a neutralidade da Hungria. Dirige-se às Nações Unidas e solicita o auxílio das quatro grandes potências na defesa de sua neutralidade.
>
> O governo da República Popular Húngara redigiu esta Declaração de Neutralidade a 1 de novembro de 1956. Assim, solicito a Vossa Excelência colocar imediatamente na agenda da próxima Assembléia Geral das Nações Unidas o problema da neutralidade da Hungria e da defesa dessa neutralidade pelas quatro grande potências.

O Rubicão estava atravessado.[4]

A situação na ONU

O telex com a solicitação de Imre Nagy chegou à ONU na tarde do dia 1º de novembro ainda a tempo de ser debatido na sessão da Assembléia Geral marcada para as 17h. Entretanto, a Assembléia Geral tinha sido

74 HUNGRIA 1956

convocada para tratar da questão do canal de Suez e alguns delegados diziam que outros assuntos não poderiam ser introduzidos. A Inglaterra e a França tinham bombardeado o Egito no dia 31 de outubro, ajudando Israel. Muitos países iriam condenar a ação dos três (inclusive os EUA). No meio do debate acalorado pela crise urgente no Oriente Médio, o problema húngaro praticamente não foi mencionado.

Não era apenas a crise urgente em outra parte do mundo que complicava a apreciação do pedido húngaro à ONU. A situação na Hungria já tinha sido mencionada no Conselho de Segurança. No dia 27 de outubro, EUA, França e Reino Unido pediram uma reunião do Conselho para discutir a situação na Hungria. O próprio representante da Hungria na ONU (um funcionário do regime pré-Nagy e também cidadão soviético), Péter Kos, protestou dizendo que os eventos eram assuntos internos de seu país e não para serem discutidos nas Nações Unidas. De qualquer maneira, o Conselho aprovou por nove votos a um (com a URSS contra e Iugoslávia se abstendo) colocar o item "Situação na Hungria" em sua agenda. Essa era a condição pendente quando chegou o telex de Nagy solicitando que a Assembléia Geral votasse a defesa da neutralidade. Os representantes que foram contra debater o assunto na Assembléia marcada para o dia 1º afirmavam que não apenas a pauta estava fechada para a questão do Suez, como também a situação na Hungria estava para ser discutida pelo Conselho de Segurança, e portanto a Assembléia Geral deveria aguardar o posicionamento deste.

Assim, se o governo Nagy esperava uma ajuda imediata da ONU, essas esperanças logo se desvaneceram.

A controvérsia da tomada de decisão dos soviéticos em invadir a Hungria

É sabido que após a decisão de Nagy de declarar a neutralidade da Hungria e solicitar ajuda à ONU, a situação se precipitou. Após os preparativos cada vez mais óbvios, as tropas russas atacaram com toda potência no dia 4 de novembro para reprimir o movimento à força. Os detalhes exatos de como e quando foi tomada a decisão de invadir eram objeto de controvérsias entre os analistas, visto que os documentos secretos soviéticos não estiveram disponíveis aos pesquisadores por várias décadas seguintes. A solução de questões importantes como saber se a decisão de invadir foi tomada devido à virtual adoção do multipartidarismo pelo governo Nagy no dia 30 de outubro ou somente após a declaração de neutralidade no dia 1º de novembro só poderiam vir à tona quando os arquivos secretos com as atas das reuniões do Politburo soviético fossem abertos. E, após a perestroika e a desintegração

O ANO DE TODAS AS POSSIBILIDADES   75

da URSS, esses arquivos foram sendo abertos na década de 1990. Os rascunhos das atas das reuniões cruciais em que a liderança soviética consolidou sua decisão de esmagar o levante húngaro estão agora disponíveis aos pesquisadores e podem nos dar uma imagem real de como o processo aconteceu do ponto de vista da liderança soviética.

O que dizem os antigos arquivos secretos soviéticos?[5]

As principais questões em que estaremos interessados aqui são: quando os líderes soviéticos tomaram a decisão de invadir a Hungria? Como essa decisão foi tomada? Quem do Presidium (como o Politburo era denominado na época) era contra ou a favor de uma solução de repressão violenta ao levante húngaro?

Sobre a questão de como foi tomada a decisão de reprimir o movimento com tropas russas, temos que fazer uma pequena digressão de alguns meses no tempo. Como vimos antes, a primeira metade de julho de 1956 revelou-se tensa na Hungria. Foi a época de confrontação máxima entre a ala stalinista e liberal do PTH em que Rákosi, após haver jogado sua última cartada repressiva na reunião plenária do Comitê Central de 30 de junho tentando condenar o Círculo Petöfi e outros grupos "direitistas", acabaria por ser deposto do cargo de primeiro secretário em 18 de julho. Os telegramas (Budapeste a Moscou) de Andropov (9 de julho) e Mikoyan (14 de julho) são exemplos de como os enviados soviéticos avaliavam que a situação na Hungria estava polarizada demais e arriscando-se a sair dos trilhos (APRF, F. 3, Op. 64, D. 483, L. 151-162 e 165-175). Baseando-se nesse tipo de avaliação e outros fatores, em 20 de julho a liderança soviética aprovou o chamado plano Onda, um esquema de contingência das tropas soviéticas para repressão de uma situação de desordens em massa na Hungria. No dia do início da revolta húngara, 23 de outubro, houve uma reunião em Moscou do Presidium do PCUS para resolver o que fazer na situação. Todos foram pela repressão com tropas ao levante no nascedouro: o único contra foi Mikoyan, que preferia que os próprios húngaros cuidassem da questão (RGANI, F. 3, Op. 12, D. 1006, L. 4-4ob.). A operação Onda foi colocada em ação. No dia 24 as tropas estavam em Budapeste, oficialmente a convite da liderança húngara para ajudar na repressão dos "grupos de bandidos". Com a instalação do novo governo Nagy, os líderes soviéticos resolveram deixar os próprios húngaros tentarem resolver o problema. Esse novo posicionamento dos russos durou até quando? Aqui são fundamentais os rascunhos das atas de duas reuniões do Presidium do PCUS em 30 e 31 de outubro (que estão disponíveis em RGANI, f. 3, Op. 12, D. 1006). A 30 de outubro (o dia em que Nagy instalou um governo multipartidário), os líderes soviéticos ainda estavam dispostos à não-intervenção. Nessa reunião, inclusive, o Presidium aprovou a famosa "Declaração Sobre as Relações Entre Países Socialistas" em que dizia que estava retirando as tropas de Budapeste, assumia que no passado houve erros nas relações com algumas das repúblicas populares do Leste Europeu e anunciava a disposição de até discutir a possibilidade da retirada das tropas russas estacionadas na Hungria desde a Segunda Guerra Mundial (RGANI, F. 3, Op. 12, D. 1006, L. 7-14). Foi na reunião do Presidium no dia 31 de outubro (portanto antes da declaração de neutralidade e do apelo à ONU pelos húngaros) que Khrushchev expressou sua mudança de idéia. Optou pela decisão de intervir na Hungria e enviar tropas para reprimir o movimento, depor o governo Nagy e instalar um outro governo socialista em seu lugar (com Ferenc Münich como *premier* e János Kádár como seu vice). Caso Nagy aceitasse fazer parte do novo governo, poderia ser colocado como um dos vice-primeiros-ministros. As sugestões foram aprovadas (RGANI, F. 3 Op. 12, D. 1006, L. 15-18ob.). Os soviéticos também atravessaram o Rubicão...

Quem primeiro atravessou o Rubicão?

Uma dúvida que por muitas décadas antes da perestroika dividia a opinião dos especialistas era sobre se o argumento crucial para a decisão da liderança soviética de invadir a Hungria tinha sido a virtual adoção do multipartidarismo no dia 30 de outubro ou a declaração de neutralidade da Hungria no dia 1º de novembro. Qual dos dois fez pender os pratos da balança? Com a abertura dos arquivos ficou, de maneira definitiva, provado que a decisão de invadir foi tomada na reunião do Presidium do PCUS em 31 de outubro, após, portanto, a instauração do governo multipartidário e antes da declaração de neutralidade. Parece então que, dos dois, sem dúvida foi a adoção do governo multipartidário que, na prática, decidiu a questão.

Entretanto, a situação não é tão simples. Mesmo com a adoção da coalizão governamental multipartidária na Hungria, na reunião do próprio dia 30 o Presidium do PCUS aprovou ainda a não-intervenção e, ainda mais, sua intenção de negociar a questão da permanência das tropas soviéticas no país. Para todos os efeitos, o dia 31 de outubro se iniciou com os soviéticos aceitando não apenas o governo multipartidário de Nagy do dia anterior como dispostos a discutir a retirada das tropas soviéticas. É claro que se pode ver tudo isso, como fizeram alguns analistas (*e.g.*, Irving, 1986, p. 409), como mera encenação para disfarçar um movimento secreto de tropas russas. Mas há espaço para interpretações alternativas.

O ANO DE TODAS AS POSSIBILIDADES   77

Na verdade, a leitura dos rascunhos das atas das reuniões do Presidium soviético e da troca de telegramas entre Mikoyan, Andropov e Moscou revela que os líderes soviéticos oscilavam na beira entre a repressão pura e simples e dar oportunidade ao governo Nagy de controlar a situação. A opção da repressão, como vimos, já tinha sido programada desde o verão com o esquema de contingência do plano Onda. Também como vimos, logo no primeiro dia do levante (23 outubro) o Presidium do PCUS decretou a repressão pelas tropas soviéticas. Como a partir do dia seguinte houve um novo governo de Nagy que se propunha a controlar a situação por meios políticos, ocorreu a mudança para uma atitude de esperar para ver o que os líderes húngaros conseguiriam por si próprios. Mas os soviéticos sempre tiveram certa desconfiança do liberalismo de Nagy, e a possibilidade de intervenção flutuava de forma constante na tensão das reuniões. E quais eram os posicionamentos na liderança soviética em relação ao problema do levante húngaro? Podiam se distinguir três posições principais. Os mais próximos do stalinismo (Molotov, Kaganovich, Voroshilov) em geral eram simpáticos à solução repressiva. Os anti-stalinistas (Khrushchev, Mikoyan etc.) eram os mais propensos a buscar soluções políticas em vez de militares. Ironicamente, uma terceira corrente, a facção dos militares, liderada pelo marechal Zhukov, estava mais próxima à posição dos anti-stalinistas que dos stalinistas. Os militares tendiam a ter uma posição mais "tecnocrática": eram menos apegados a considerações ideológicas desde que o *status* e posição global das tropas soviéticas não fossem afetados. Assim, o "excessivo liberalismo" de Nagy não lhes era tão importante, desde que ele conseguisse controlar a situação (até evitando expor as tropas soviéticas). Nos pólos extremos estavam Mikoyan e Voroshilov. Mikoyan, na reunião do Presidium de 23 de outubro, tinha sido o único a votar contra a repressão pelas tropas soviéticas. Voroshilov foi talvez o mais constante de todos nessa questão: foi o único que, do princípio ao fim, tendia à solução violenta. Mas essa divisão é de um caráter geral. Havia um quarto grupo, que poderíamos chamar de "independentes" (ou "oscilantes"), cujas posições eram muito fluidas e ora fechavam com um grupo ora com outro (*e.g.*, Bulganin e Malenkov).

Assim, a posição de intervir esteve sempre no ar, como a espada de Dâmocles, podendo cair a qualquer instante na cabeça dos húngaros. Isso, mais o fato de que no dia 30 de outubro, mesmo depois da instauração do governo multipartidário na Hungria, os soviéticos continuaram dispostos a apoiar Nagy, deve nos levar à cautela em relação a supor que se a causa da decisão de invadir (tomada no dia 31) não foi a declaração de neutralidade no dia 1º de novembro, então automaticamente deve ter sido a instauração do multipartidarismo em 30 de outubro. O assunto pode ser mais nuançado.

Se a causa da tomada de decisão de invadir fosse real e inequivocamente a decisão da adoção do gabinete multipartidário em 30 de outubro, o Presidium do PCUS teria tomado a decisão de invadir na reunião do próprio dia 30 de outubro: o Presidium do PCUS se reuniu naquele dia *depois* de Nagy anunciar a adoção do multipartidarismo. Mesmo que se adote a visão de que a "Declaração Sobre as Relações Entre Países Socialistas" do dia 30 foi mera encenação para disfarçar a nova movimentação secreta de tropas soviéticas, não haveria razão alguma para que a reunião do Presidium do PCUS no dia 30 fosse também uma encenação! A ata da reunião ficou secreta por décadas e, se eles tivessem tomado a decisão de invadir e usar a declaração como encenação, nós estaríamos lendo sobre isso hoje. E não há vestígio disso no rascunho da ata. A decisão de manter a não-intervenção, mesmo com o multipartidarismo declarado, era genuína.

Se a decisão do dia 30 era genuína, então aconteceu algo entre 30 e 31 de outubro que fez o Presidium mudar de opinião na reunião do dia 31, quando se decidiu pela intervenção. O que poderia ter sido? Primeiro de tudo, o rascunho da ata da reunião demonstra que a iniciativa partiu de Khrushchev. Foi ele que propôs a mudança de curso e o Presidium aceitou de forma unânime, sem muita indecisão. O que aconteceu naquele dia de tão diferente? O único grande acontecimento diferente dos dias passados foi o início do bombardeio do Egito por parte de Inglaterra e França, intervindo assim do lado de Israel na crise de Suez. Essa foi uma decisão que abalaria o mundo geopoliticamente. Quando os Estados Unidos nos próximos dias lideraram uma condenação das ações da Grã-Bretanha e França na ONU, ficamos, então, com uma situação grave em nível mundial: a possibilidade de ocorrer ao mesmo tempo um racha dentro da Otan (EUA *vs.* Inglaterra e França) e no Pacto de Varsóvia (URSS *vs.* Hungria)! No rascunho da ata da reunião do Presidium do PCUS no dia 31, Khrushchev, ao dar suas razões por que era necessário "mudar a avaliação" da situação na Hungria, fez a ligação clara e direta com a crise de Suez, dizendo que não era admissível, à perda de posição no "Egito adicionar ainda a Hungria. Não há outra saída para nós [que não a intervenção]" (RGANI, F. 3, Op. 12, D. 1006, L. 18-18ob.).

Infelizmente, atas de reuniões não descrevem os pensamentos dos participantes, apenas suas palavras, e por isso as verdadeiras motivações de Khrushchev permanecerão objeto de especulações. Fica claro dos rascunhos das atas das reuniões do Presidium do PCUS e dos telegramas de Andropov, Mikoyan e Suslov que a hipótese de intervenção soviética direta foi sempre uma possibilidade real e ameaçadora desde o início. A decisão do dia 31 não foi mero reflexo automático ou direto da adoção do multipartidarismo pelo governo Nagy no dia 30 (como querem alguns autores) e sim um acúmulo de fatores que já tinha atingido certa massa crítica e que poderia explodir a qualquer momento. A adoção do multipartidarismo, sem dúvida, adicionou mais massa crítica na situação explosiva, mas (como provou o rascunho da ata da reunião do Presidium no dia 30) não foi o que levou, de forma direta, à decisão de intervenção. A meu ver, Khrushchev, que do Presidium era o que mais tinha a perder no caso de um descarrilamento total da Hungria (já que sua arriscada política de "desestalinização forçada" a partir do XX Congresso do PCUS poderia ser acusada de ter ocasionado a secessão dentro do campo socialista), já estava com muita pressão e crescente ansiedade dentro de si nos últimos dias e, por isso, quando surgiu a situação novíssima e original da crise de Suez no dia 31, ele se apegou a ela e resolveu aproveitar o momento mais propício que aparecera para uma invasão soviética: o dia em que as potências ocidentais ameaçaram invadir um outro país de maneira neocolonialista. Como poderiam França e Inglaterra condenar a URSS por invadir a Hungria quando faziam exatamente isso no Egito? A oportunidade de ouro apareceu e a velha raposa agarrou-a com toda força... Em vez de dar tempo ao tempo e ver se Nagy, mesmo com um gabinete multipartidário (ao estilo comunista de 1945, é sempre bom lembrar), poderia controlar a situação e manter a Hungria dentro do socialismo, Khrushchev temeu por sua própria posição (caso desse tudo errado) e resolveu agarrar a oportunidade do dia 31, pois outra igual poderia não aparecer depois.

QUINTA-FEIRA, 2 DE NOVEMBRO

Nessa quinta-feira, um pequeno mistério. Ninguém conseguia localizar János Kádár e Ferenc Münnich em Budapeste. Kádár tinha sido visto pela última vez às 22h da noite anterior, após ter dado uma declaração transmitida pelo rádio sobre a formação do novo Partido Operário Socialista Húngaro que substituiria o Partido dos Trabalhadores da Hungria (PTH).

Não admira o sumiço dos dois. A liderança soviética tinha decidido no dia 31 convidá-los para a criação de um governo alternativo ao de Nagy. Os dois foram à embaixada soviética em Budapeste e, de lá, voaram incógnitos para Moscou. Nos dias 2 e 3 de novembro participaram de reuniões com o Presidium soviético nas quais ficou acertado que, com ajuda das tropas russas, um novo governo, com János Kádár à frente, tomaria o poder no lugar de Nagy (RGANI, F. 3, Op. 12, D. 1006, L. 23-29 e 31-33ob.). Como vimos, de início Khrushchev favorecia Münnich como primeiro-ministro e Kádár como seu vice. A razão era que Münnich havia vivido muitos anos no exílio em Moscou e era velho conhecido da liderança soviética. A conselho de Tito, Khrushchev mudou de idéia e resolveu apoiar Kádár como chefe de governo. A razão era a mesma anterior, apenas vista de outro prisma. Os muitos anos vividos em Moscou poderiam fazer Münnich menos "tragável" para a população húngara do que Kádár, que havia sofrido repressão nos tempos de Rákosi (acusado de titoísmo) e era percebido pela população como uma pessoa mais progressista que Münnich. O fato interessante revelado pela abertura dos arquivos soviéticos é que Kádár, na reunião de 2 de novembro, na realidade argumentou *contra* a invasão da Hungria e contra a repressão por forma violenta do movimento (RGANI, F. 3, Op. 12, D. 1006, L. 27ob.-28). Sendo opinião vencida, acabou participando da formação do novo governo da forma encaminhada.[6]

Enquanto isso na Hungria...

O dia 2 de novembro na Hungria foi um dos mais calmos. No país os choques armados praticamente cessaram (exceto por uma ocupação temporária do Ministério do Exterior por Tibor Szeifer e seu grupo). O governo não passava ao grande público as tensões em relação às dúvidas sobre movimentos de tropas soviéticas no lado oriental. Havia uma diferença muito grande entre a tensão dentro do governo e dos grupos rebeldes mais cônscios da situação e a sensação do grande público, que era quase como se a rebelião húngara tivesse sido vitoriosa, inclusive com a aceitação da URSS. O impossível parecia estar acontecendo.

Os jornais pela manhã estampavam um apelo do Comitê Revolucionário de Csepel por um fim da greve geral. Baseando-se no raciocínio de que o governo tinha cumprido as exigências dos rebeldes, outros Conselhos Operários também propuseram o fim da greve.

Um outro órgão que mudou sua atitude por volta do dia 2 de novembro foi à Radio Free Europe ("Rádio Europa Livre"), que, ao contrário de muitas de suas transmissões anteriores, solicitava agora calma à população.

A Rádio Europa Livre

A Radio Free Europe (RFE), uma organização norte-americana, na época, era financiada, de forma secreta, pela CIA. Ela transmitia de Munique para os chamados países da Cortina de Ferro no Leste Europeu, pregando os valores da democracia ocidental. Tinha uma audiência considerável entre os húngaros.[7] Apoiou o levante magiar, mas, nos primeiros dias, demonstrava desconfiança do governo do "comunista" Nagy, incentivando os setores rebeldes radicais a manterem a pressão por mais e mais concessões. Por exemplo, no dia 29 de outubro, a RFE divulgava as concessões dos rebeldes com as quais concordava, incluindo "a retirada das tropas soviéticas" e a "formação de um novo governo temporário cuja maioria seja selecionada entre os grupos patrióticos e não inclua comunistas comprometidos". Além disso, o lendário Coronel Bell (personagem húngaro fictício, criado pela CIA) no mesmo dia afirmou pela rádio: "Imre Nagy e seus associados querem repetir a estória do cavalo de Tróia em uma versão moderna e enganosa. O cessar-fogo [proposto por Nagy] é um cavalo de Tróia necessário ao regime para se manter no poder" (Irving, 1986, p. 399). Após a adoção do gabinete multipartidário por Nagy em 30 de outubro e a declaração de neutralidade no dia 1º de novembro, a RFE adotou um tom mais cauteloso, solicitando calma à população e demonstrando mais solidariedade ao governo Nagy.

Alguns analistas (*e.g.*, Méray, 1989, p. 222) consideram que a atitude agressiva inicial da RFE em relação ao governo Nagy nos primeiros dias pode ter sido contraproducente e aumentado as dificuldades do líder húngaro de se manter no poder a longo prazo, ao estimular as demandas mais radicais dos rebeldes.

No governo húngaro...

Na sessão matinal do governo fez-se a escolha daqueles que comporiam a delegação à ONU (Imre Nagy, Anna Kéthly, Zoltán Tildy e Béla Kovács). Foram incumbidos de continuar as discussões sobre a retirada das tropas soviéticas Ferenc Erdei, Pál Maléter, István Kovács e Miklós Szücs.

O embaixador soviético Andropov encontrou-se com Nagy no Parlamento e comunicou que o governo soviético havia recebido a declaração sobre a retirada do Pacto de Varsóvia e que propunha a instalação de duas comissões, uma política e uma militar, para discutir os detalhes da situação. Deixava a cargo de Nagy escolher o local das negociações.

O Pacto...

No dia 2 de novembro, Khrushchev e Malenkov fizeram um périplo aéreo para conversar com os líderes socialistas de outros países sobre a decisão de invadir a Hungria. Viajaram à fronteira com a Polônia, onde conferenciaram com Gomulka. Dali voaram à Bucareste, onde discutiram com

Novotny (da Tchecoslováquia), Zhivkov (da Bulgária) e Gheorghiu-Dej (da Romênia). Finalmente, conferenciaram com Tito na ilha de Brioni, na Iugoslávia. Receberam o aceite de todos. Gomulka e Tito consideravam a invasão soviética "o mal menor". Os romenos e búlgaros chegaram a oferecer tropas para a invasão, mas Khrushchev disse que as guarnições russas estacionadas na Hungria seriam suficientes. Tito ofereceu-se para ser mediador com Nagy, caso necessário.

Também no dia 2, o marechal soviético Konev, comandante-chefe das Forças Armadas Unificadas do Pacto de Varsóvia, chegou à cidade húngara de Szolnok, onde instalou seu quartel-general para o deslanchamento da Operação Turbilhão, como foi denominado o plano de invasão.

Ironia das ironias. Os dias 2 e 3, com tantas efervescentes preparações secretas para a grande invasão do dia 4 de novembro, foram exatamente os dias em que os húngaros, terminando a greve geral, começavam a retornar ao trabalho, com o comércio abrindo, pelas ruas pessoas lendo jornal ou saboreando algo nas confeitarias...

A vida parecia poder finalmente voltar ao normal.

Amabilis insania![8]

SEXTA-FEIRA, 3 DE NOVEMBRO

Nesse dia Nagy estabeleceria um novo ministério, para dar conta das mudanças ocorridas com a declaração de neutralidade e retirada do Pacto de Varsóvia em 1º de novembro. Saíram do governo diversos comunistas, como Ferenc Münnich, Lukács, Imre Horváth, o general Janza, István Kossa, Antal Apró e outros. O novo governo seria de união nacional. Poucos comunistas foram nomeados, entre eles, Kádár, Pál Maléter e Losonczy. Pál Maléter (o militar que logo no início se havia passado aos rebeldes no quartel Kilián) foi nomeado ministro da Defesa. Nagy ficou como *premier* e ministro do Exterior. Entre os novos ministros de Estado estavam três social-democratas (Kéthly, Kelemen e J. Fischer) e István Bibo e Ferenc Farkas do partido Petöfi (antigo Partido Nacional Camponês).

Ao meio-dia no parlamento tiveram início as conversações sobre a retirada das tropas soviéticas. A delegação russa era chefiada pelo general Malinin. Os soviéticos, a julgar pelas aparências, mostravam-se dispostos a um acordo, embora levantassem questões técnicas. A reunião prosseguiria às 22h no comando soviético de Tököl.

No Conselho de Segurança da ONU, os Estados Unidos apresentaram uma proposta que intimava a União Soviética a retirar suas tropas da Hungria.

O ANO DE TODAS AS POSSIBILIDADES   83

Os delegados soviético e húngaro informaram que a questão estava sendo discutida de forma bilateral. A sessão foi então adiada.

Em Viena, Anna Kéthly, líder dos social-democratas húngaros, afirmou na reunião da Internacional Socialista que "a nova Hungria que está nascendo terá caráter socialista [...] temos de estar alertas para que as conquistas da revolução não se percam, como aconteceu em 1919" (Méray, 1989, p. 310).

Às 20h ouviu-se no rádio a fala do cardeal József Mindszenty. Disse que desejava um governo de espírito nacional, com eleições multipartidárias e uma economia de propriedade privada com restrições sociais.

Por volta das 22h, o novo ministro da Defesa húngaro, Pál Maléter, István Kovács e Miklós Szücs chegaram à Tököl para retomar as conversações com os militares soviéticos sobre a retirada das tropas. No meio da reunião foram aprisionados pelos soviéticos.

A sopa negra tinha sido servida...

SÁBADO, 4 DE NOVEMBRO

Nêmese

Às 4h da manhã começou a invasão geral das forças soviéticas para a ocupação da Hungria, codinominada Operação Turbilhão. As unidades do exército nacional húngaro receberam o alarme: em alguns pontos ocorreram choque com armas, mas o governo não emitiu ordens para resistir.

Depois das 5h, pelas ondas do rádio de Szolnok, diretamente de Ungvár, János Kádár e Ferenc Münnich anunciaram que tinham abandonado o governo Nagy por esse não conseguir combater a contra-revolução e querer acabar com o socialismo. Anunciaram que estavam começando a formação do Governo Revolucionário Operário-Camponês. Declararam guerra aos fascistas e "contra-revolucionários" que queriam restabelecer o poder do capital e dos grandes latifundiários, pedindo para tanto a ajuda das tropas soviéticas. Em seguida deram a conhecer a lista dos nomes que compunham o novo governo.

Às 5h20 Imre Nagy falou pela Rádio Kossuth:

> Aqui fala é Imre Nagy, Presidente do Conselho de Ministros da República Popular da Hungria. Hoje de madrugada as tropas soviéticas iniciaram um ataque contra a nossa capital com o claro propósito de derrubar o governo democrático húngaro legalmente empossado. Nossas tropas estão lutando! O governo está no seu lugar! Comunico isso ao povo húngaro e à opinião pública internacional! (apud Romsics, 1999, p. 394).

A rádio Kossuth repetiu algumas vezes a mensagem e depois silenciou para sempre.

HUNGRIA 1956

Os generais que no momento se encontravam no Ministério da Defesa decidiram proibir os batalhões do exército húngaro de oferecer resistência.

Depois das 6h, a convite dos diplomatas iugoslavos, seguiram para a embaixada e receberam direito de asilo político Imre Nagy e seus ministros ligados ao Partido Operário Socialista Húngaro, como o filósofo György Lukács, além da viúva de László Rajk. Os iugoslavos pediram ao primeiro-ministro para renunciar e dar apoio ao governo Kádár, mas ele se recusou, não emprestando assim um caráter legal a essa nova estrutura. O cardeal József Mindszenty recebeu asilo na embaixada dos Estados Unidos. O ministro e ex-presidente da república Zoltán Tildy tentou asilo na embaixada britânica, mas foi recusado.

István Bibo, ministro de Estado, que quedou solitário no Parlamento, redigiu o seguinte manifesto:

> Não é intenção da Hungria fazer uma política anti-soviética, pelo contrário, quer participar plenamente naquela comunidade de países livres da Europa Central que querem organizar as suas vidas sob o signo da liberdade, justiça e não exploração social. Declaro à opinião pública internacional que repudio as alegações que na gloriosa revolução húngara houvesse aspectos fascistas ou anti-semitas. Todo o povo participou da luta sem distinções sociais ou religiosas e foi emocionante e maravilhosa sua postura humanista, sábia e parcimoniosa, que se voltou apenas contra as tropas agressoras e contra as divisões de facínoras nacionais. Os poucos atos de justiça feitos com as próprias mãos ou o surgimento de forças muito conservadoras poderiam ter sido rapidamente desarmados pelo governo. Aquela alegação de que para reprimir esses atos foi necessário chamar uma força estrangeira é risível e cínica. Acontece o contrário. A presença dessas tropas é a principal causa da agitação. Conclamo o povo húngaro a não enxergar como poder legal as tropas invasoras ou o governo fantoche por elas empossado e que use todas as armas de resistência passiva, com exceção daquelas que prejudiquem o abastecimento e os serviços públicos. Não tenho condições de dar ordens para uma resistência armada. Faz um dia que me juntei aos trabalhos do governo, não tenho informações sobre a situação militar. Seria irresponsabilidade da minha parte arriscar o sangue da juventude húngara. O povo húngaro sacrificou-se com muito sangue para mostrar ao mundo seu amor à liberdade e à justiça. Agora é a vez das grandes potências mostrarem a força dos princípios da carta das Nações Unidas e a força dos povos amantes da liberdade. Constato que o único representante legal da Hungria no exterior é a ministra Anna Kéthly. Que Deus proteja a Hungria! Budapeste, 4 de novembro de 1956 (apud Ripp, 2002, p. 201-2).

As tropas soviéticas atacando com grande superioridade ocuparam os aeroportos e as bases militares e começaram o desarmamento do Exército nacional húngaro. Entraram nas cidades e onde se confrontaram com resistência armada, revidaram com toda a força de sua artilharia. Para a ocupação foram utilizadas cinco divisões.

As unidades militares russas que entraram em Budapeste ocuparam os prédios do Ministério do Interior e do Ministério da Defesa. Depois, por volta das 8h, entraram também no Parlamento para deter os membros do governo Imre Nagy, porém esses não mais se encontravam lá.

Em Budapeste uma forte resistência armada recebeu os invasores soviéticos. Atiravam com armas pesadas nos carros blindados. Formações esporádicas do Exército regular e a Guarda nacional, mais os grupos de insurgentes, causaram perdas aos invasores. Os soldados russos receberam ajuda das antigas guarnições da polícia secreta húngara (ÁVH).

De Szolnok, os "guias moscovitas" Kádár e Münnich organizavam o novo Governo Revolucionário Operário-Camponês. Em sua composição, entre outros, estavam Kádár (primeiro-ministro), Münnich (ministro do Interior), Imre Horváth (ministro do Exterior), Antal Apró (ministro da Indústria) e os social-democratas renegados Marosán (ministro de Estado) e Sándor Rónai (ministro do Comércio). É para lá que foram transportados também militares de alta patente dispostos a colaborar com o governo Kádár. Um dos primeiros atos governamentais foi uma proclamação à nação afirmando ter solicitado a ajuda militar soviética para "liquidar as forças contra-revolucionárias e restaurar a ordem". Tarde da noite Kádár enviou um telegrama à ONU pedindo para essa organização não levar em consideração as solicitações do governo Nagy.

Na ONU, dia 4, os acontecimentos foram os seguintes: no meio de uma sessão da Assembléia Geral que estava discutindo o problema de Suez, ao ouvir as notícias da invasão russa da Hungria, o representante dos EUA, Henry Cabot Lodge, convocou uma sessão especial do Conselho de Segurança para apresentar uma moção contra a invasão. Como a União Soviética usou seu poder de veto no Conselho, o assunto foi encaminhado à Assembléia Geral. A Assembléia Geral extraordinária da ONU, realizada na tarde do dia 5 de novembro, aprovaria a resolução norte-americana condenando a URSS e solicitando a imediata retirada de suas tropas.

Ainda no dia 4, o presidente americano Eisenhower, numa mensagem separada, apresentou seus protestos ao chefe do governo soviético, Bulganin. Em contrapartida, a URSS protestou contra os governos francês e britânico por causa da intromissão armada no Egito.

Um dia de cão... Para a maioria dos autores, esta é a data em que se considera terminado o levante húngaro de 1956.

HUNGRIA 1956

4 A 14 DE NOVEMBRO DE 1956

Mas, seja em seus aspectos militares, seja em seus aspectos sociais, não é totalmente correto dizer que o levante húngaro tenha acabado no dia 4 de novembro. Haveria resistência armada aberta de focos de rebeldes até o dia 14. Mesmo após isso, por alguns meses, focos guerrilheiros nas montanhas e florestas se manteriam em ação. E até o início de 1957, o novo governo Kádár não conseguiu destruir totalmente as estruturas anteriores (Conselhos Operários etc.) e teve que negociar com elas um *modus vivendi* até que uma segunda onda repressiva prolongada acabaria com os vestígios das transformações dos últimos tempos. Vejamos por partes essas resistências ao governo Kádár e aos russos após 4 de novembro.

Resistência

Os russos atacaram com força bélica pesada. Além das duas divisões estacionadas na Hungria já antes da revolta (a Segunda e Décima-sétima Divisões Mecanizadas), duas divisões vindas da Romênia (Trigésima-segunda e Trigésima-quarta) entraram pela fronteira. A Nonagésima-segunda Divisão de Infantaria e guarnições subcarpáticas e ucranianas também tomaram parte nos combates. No lado húngaro, o principal auxílio aos soviéticos eram as forças reconstituídas da ex-polícia secreta ÁVH, que, vingando as perseguições que tinham sofrido nos últimos dias, destilavam sua fúria nos rebeldes. Apesar das forças armadas húngaras não terem oficialmente resistido, por dez dias uma resistência encarniçada guerrilheira foi posta em prática por grupos rebeldes em Csepel, Dunapentele, Pecs, Györ e Miskolc.

Das forças oficiais, o general Béla Kiraly opôs alguma resistência organizada com remanescentes da Guarda Nacional (que, a partir de 1º de novembro, congregava forças regulares e rebeldes). Lutaram por dez dias em Budapeste. Na parte final, faziam guerrilha a partir das colinas de Buda. Expulsos, retiraram-se para as montanhas Bakony. Com o cerco final, em meados de novembro fugiram do país para a Áustria, numa operação completada no dia 20.

Após novembro, a luta de resistência remanescente de grupos isolados se transferiu para as montanhas e florestas e se tornou esporádica até o final do ano em lugares como Mecsek, Bakony, Bükk.

No *front* social

O grande problema do novo governo Kádár é que ele não tinha uma base social própria. O próprio Kádár, de certa forma, era um peixe fora d'água em seu partido. Os antigos stalinistas desconfiavam dele pelas acusações passadas de "titoísmo" e pelas suas promessas de que nunca seria permitida a volta do stalinismo. Os liberais nagistas o acusavam de traidor, assim como era desprezado pela população por sua traição a Nagy e ao movimento nacional húngaro. Na verdade, de início Kádár era mantido no poder unicamente pelo exército soviético. Isso explica por que ele levaria meses até conseguir consolidar seu poder na Hungria. Até o início de 1957, os Conselhos Operários continuariam em existência (e até vários dos Comitês Revolucionários!) e Kádár teria que negociar com eles.

Os Conselhos Operários (ou Conselho de Trabalhadores) foram estabelecidos de forma espontânea pelos trabalhadores nas próprias fábricas nos primeiros dias do levante para regular a produção no meio da confusão da rebelião. Foram surgindo também estruturas regionais (os Comitês Revolucionários), que coordenavam as atividades dos rebeldes em determinadas áreas, e nos últimos dias do levante praticamente exerciam as atividades governamentais naquelas áreas. Essas estruturas de auto-organização dos trabalhadores guardavam certa semelhança com o espírito dos Conselhos (Sovietes) da Rússia em 1917. Na ausência de uma base social firme, Kádár não teve força nem legitimidade para desbaratar os Conselhos de Trabalhadores de imediato. O que fez foi tentar desmobilizar os Comitês Revolucionários (processo que também não ocorreu de modo fácil nem imediato) e manter os Conselhos Operários como representantes dos trabalhadores, procurando cooptá-los para sua política. Assim, o decreto governamental de 12 de novembro tirou oficialmente dos Comitês Revolucionários qualquer atividade executiva, limitando-os a uma capacidade consultiva. Já em 21 de novembro, a Rádio Budapeste transmitiu o projeto de lei sobre os Conselhos Operários que mantinha ainda poderes do C.O. junto ao diretor da empresa:

> [...] as decisões do Conselho de Trabalhadores e de seu Presidium devem ser executadas pelo diretor [...]. O diretor executa sozinho a organização da produção [...]. O consentimento prévio do Conselho de Trabalhadores é necessário para a nomeação ou demissão do diretor.

O mês de novembro todo representou um cabo-de-guerra entre os Conselhos e o governo. Em 13 e 14 de novembro, os Conselhos Operários de Budapeste elegeriam um "Conselho de Trabalhadores da Grande Budapeste", com 21 membros representando os diferentes distritos e áreas adjacentes. Esse Conselho exigiu a volta de Imre Nagy, a remoção das tropas soviéticas, eleições livres e o reconhecimento oficial dos Conselhos de Trabalhadores. Kádár tentava se mostrar conciliador. No novo jornal partidário, *Nepszabadsag* [Liberdade do povo], edição de 14 de novembro, prometeu eleições livres e com a participação de outros partidos. Os Conselhos cobravam uma democracia operária real. Isso o governo de Kádár não podia oferecer.

Em 21 de novembro, o governo proibiu uma conferência do Conselho da Grande Budapeste marcada para aquele dia. Em resposta, o Conselho decretou uma greve geral que durou 48 horas. O governo afirmou que não toleraria greves por motivos políticos.

Essa situação de "duplo poder" não poderia durar muito. No início de dezembro, já com maior controle da situação, pressionado pelos soviéticos, Kádár resolveu apelar para a repressão direta sobre os Conselhos. A partir de 6 de dezembro começaram as prisões de membros dos Conselhos de Trabalhadores sob motivos os mais diversos. O Conselho da Grande Budapeste protestou e convocou uma greve geral para os dias 11 e 12 de dezembro. No dia 11 o governo decretou lei marcial. O Conselho da Grande Budapeste e vários outros foram dissolvidos. Um decreto de 5 de janeiro reduziu o âmbito dos Conselhos de Trabalhadores a apenas estabelecer escalas de salários e gratificações em conjunto com a administração. Em represália aos constantes cerceamentos, o poderoso Conselho Operário de Csepel (o centro da indústria pesada húngara) declarou sua incapacidade de funcionar de maneira adequada nas novas condições e se autodissolveu. Uma onda de autodissolução de Conselhos de Trabalhadores se seguiu e enfureceu o governo. Em novembro de 1957, uma reunião do Conselho Nacional de Sindicatos colocou um ponto final nessa pendenga, dizendo que "já que os Conselhos de Trabalhadores praticamente foram todos dissolvidos [...] mais autoridade [...] deve ser dada aos próprios trabalhadores". Os Conselhos de Trabalhadores foram extintos e substituídos por "Conselhos de Fábrica", cuja composição seria 2/3 eleita pelo comitê do sindicato e 1/3 diretamente pelos próprios trabalhadores da fábrica.

Era o fim inequívoco da auto-organização não-tutelada dos trabalhadores na Hungria kadariana.

Balanço da repressão

Entre 23 de outubro e janeiro de 1957, segundo as estatísticas oficiais, morreram em combate, sem contar as baixas soviéticas, cerca de 2.500 pessoas, das quais 44% abaixo de 25 anos e 58% operários ou camponeses. Feridos totalizaram 20 mil pessoas, metade abaixo de 30 anos (Romsics, 1999, p. 394).

O ANO DE TODAS AS POSSIBILIDADES   89

Em relação ao tipo de repressão, as penas mais duras recaíram sobre os rebeldes, especialmente os mais jovens e combativos. Para estes a pena capital era uma ameaça. A morte foi o final de líderes rebeldes como Dudás, Szigethi, "Tio Szabó" e outros. Uma outra forma de punição extra-oficial era a deportação forçada para a União Soviética. Trens estavam sendo lotados, e secretamente levavam para fora da Hungria alguns dos elementos mais rebeldes e enérgicos, numa forma de pressão terrorista para quebrar o ânimo da população em resistir.[9]

Outro grupo a ser reprimido, mas com menos violência física, foram os intelectuais. O desenvolvimento da relação de força de Kádár com os escritores passou por uma curva parecida com a dos trabalhadores. Em princípio tentou cooptá-los para que atuassem dentro dos limites do novo regime ou que pelo menos não se antagonizassem. Como a técnica de misturar doses calculadas de cooptação e repressão não parecia dar certo, a partir do final de 1956, o governo passa à repressão aberta. Em 17 de janeiro de 1957, o Ministério do Interior suspende o funcionamento da união dos escritores por "atividades contra o estado". Logo diversos escritores, em especial os ex-nagistas, estariam sendo presos, por exemplo, Gyula Háy, Tibor Déry e Tibor Tardos. A resposta dos intelectuais seria o silêncio. Um silêncio ominoso caía sobre o país, com diversos intelectuais recusando-se a produzir. Uma situação estranha apareceria em meados de 1957. O governo reclamaria do "silêncio" dos escritores, acusando-os de guardar rancor. Apesar de uma certa liberalização no final de 1957, o resultado desse estranho diálogo de surdos entre intelectuais e governo seria que em março de 1958, pela primeira vez desde que foi instituído em 1950, os famosos prêmios literários Kossuth não foram outorgados.

A repressão com pena de morte atingiu também a classe política e administrativa. Foram executados alguns dos líderes mais chegados a Nagy, como Pál Maléter e Gimes. O próprio Nagy foi condenado à morte. Atraídos por promessas falsas de salvo-conduto para fora da embaixada iugoslava, onde se exilaram, Nagy, Lukács, Vas e Szántó foram presos assim que saíram. Nagy o foi no dia 22 de novembro. Seria levado para a Romênia por um tempo e depois trazido de volta à Hungria. Durante todo esse período, as autoridades húngaras tentaram fazê-lo renegar o movimento de 23 de outubro. Como não o fez, Nagy foi julgado secretamente em junho de 1958 e executado. Outros membros de seu governo conseguiram escapar à pena de morte e sofrerem apenas sentenças de prisão. Kopacsi recebeu a perpétua, Donnath 12 anos, Tildy 6 anos, e assim por diante.

POSFÁCIO

Dessa maneira, o novo governo de Kádár substituiu o antigo governo Nagy.[10] Como vimos, não foi uma tarefa fácil. Sem uma base social própria, teve que se apoiar de forma quase exclusiva nas tropas soviéticas para manter seu poder. Se o governo Nagy pereceu no dia 4 de novembro, as estruturas autônomas aparecidas naquele período (Conselhos Operários, Comitês Revolucionários e forças rebeldes) mantiveram-se ativas por algum tempo. A principal influência foi dos Conselhos Operários, que cultivaram, de certa maneira, resíduo de "duplo poder" praticamente até o início de 1957. A partir de então, já com bases mais assentadas, o governo Kádár partiu para a proibição de funcionamento dos vestígios daqueles poderes paralelos e apressou o passo na punição (inclusive com pena capital) dos inimigos.

Poder-se-ia imaginar, nesse momento, que o governo Kádár se tornaria, então, um símbolo dos governos repressivos e talvez até mesmo uma volta aos métodos stalinistas. Mas, a longo prazo, não foi isso que se passou.

Após um período até o começo dos anos 1960, em que Kádár adotou medidas ortodoxas na economia (inclusive uma campanha de recoletivização da agricultura), ele aproveitou sua consolidação no poder e iniciou um período de gradual liberalização dos mecanismos de controle econômico. No VIII Congresso do Partido Socialista dos Trabalhadores da Hungria em 1962, muitos kadaristas substituíram stalinistas em posições de liderança. Estudos de reformas no sistema econômico foram iniciados. Em dezembro de 1964, uma reunião plenária do Comitê Central aprovou os conceitos básicos da reforma econômica e criou um comitê para desenvolver os detalhes. Em conseqüência, em maio de 1966, o Comitê Central aprovou um pacote abrangente de reformas chamado Novo Mecanismo Econômico (*Új Gazdasági Mechanizmus*), que envolvia um grande processo de descentralização de decisões. Em vez de o plano centralizado determinar a cada empresa suas decisões de o que produzir, a quem e por quanto vender, haveria uma reforma de preços para torná-los mais próximos aos preços reais de mercado (eliminando subsídios distorcivos), as empresas receberam mais autonomia sobre como produzir e vender seus produtos. O governo, em vez do controle direto, passaria a influenciar as atividades das empresas de forma indireta, através de mecanismos fiscais e financeiros. O indicador do lucro no resultado das empresas seria realçado. Além disso, houve uma mudança de ênfase da indústria pesada para a indústria leve e produção de bens de consumo. Com alguns recuos e contratempos (em especial na época

O ANO DE TODAS AS POSSIBILIDADES   91

da crise mundial do petróleo, em que os problemas de endividamento externo da Hungria começaram a se avolumar), o Novo Mecanismo Econômico deixou a Hungria com a forma de socialismo mais liberal do Leste Europeu. Era o famoso "comunismo gulash" de Kádár. Esse comunismo descentralizado, que permitia certo grau de propriedade privada em pequenos negócios familiares, seria o maior centro de experimentação econômica no Leste Europeu fora da Iugoslávia. O liberalismo da economia também se refletia no lado político. O nível de repressão, censura etc. era menor na Hungria que em outros países do Pacto de Varsóvia. Como dizia a piada corrente na época, a Hungria era "a caserna mais alegre da Europa Oriental"...

Kádár só cairia do poder com a perestroika. Em maio de 1988, já com problemas de saúde e fora do contexto com o ambiente de reformas mais radicais ainda de Gorbachev na URSS, Kádár foi substituído como secretário-geral do Partido Socialista dos Trabalhadores da Hungria por Károly Grosz. Ficaria ainda com o posto honorário, sem poder real, de presidente do partido até 1989, quando, praticamente senil, sai de cena e morre.

Ironicamente, nos anos 1990, a Hungria teria uma das transições comparativamente mais rápidas e tranqüilas à economia de mercado e à democracia multipartidária do Leste Europeu. Muitos observadores creditam isso à experiência anterior com o comunismo gulash, que deu ao país uma experiência de descentralização e elementos de economia de mercado que facilitariam sua ulterior passagem ao novo sistema.

UM BALANÇO FINAL: A HUNGRIA E O MUNDO EM 1956

A experiência húngara em 1956 foi marcante para o campo do socialismo real e, por tabela, para o mundo como um todo, visto que na época vivia-se uma intensa competição na Guerra Fria entre capitalismo e comunismo. Essa importância histórica ficou de certa maneira disfarçada por dois fatores. Primeiro, a curta duração temporal dos acontecimentos cruciais, o que dá a impressão de fenômeno passageiro. O outro é que a experiência aconteceu simultaneamente à crise de Suez, que envolveu as três grandes potências capitalistas do Conselho de Segurança da ONU, fazendo com que a atenção à "pequena" Hungria fosse diminuída e a nação, na prática, fosse deixada à sua própria sorte no *tête-à-tête* com a poderosa URSS. A crise de Suez foi fundamental não apenas porque drenou as energias e atenções "físicas" das potências ocidentais, mas também porque minou sua autoridade moral para protestar contra o ataque soviético aos magiares. Se, em condições normais,

HUNGRIA 1956

já seria discutível que as potências ocidentais correriam o risco até de uma guerra nuclear ao se envolverem no Leste Europeu e quebrarem o equilíbrio das "esferas de interesse" acertadas em Yalta, ficou ainda mais difícil às potências capitalistas condenarem uma invasão soviética quando duas delas (Inglaterra e França) fizeram o mesmo no Egito.

Mas a importância histórica da experiência húngara fica constatada quando a situamos na cadeia de eventos do formidável ano de 1956. Como *big bang* inicial dessa cadeia de eventos devemos sempre tomar o XX Congresso do Partido Comunista da União Soviética. Ali Khrushchev deslanchou o processo que podemos, de maneira jocosa, denominar "desestalinização forçada". Por que "forçada"? Porque, na verdade, o processo de desestalinização já vinha ocorrendo até antes de 1956. Desde a morte de Stalin, em março de 1953, um discreto processo de liberalização do regime vinha se processando. Seu motor inicial principal foi Malenkov (primeiro-ministro entre 1953-1955). Houve uma leva de reabilitação de presos do Gulag e começaram a aparecer artigos na imprensa condenando o culto da personalidade em geral como estranho ao socialismo (sem entretanto citar nome de líderes específicos). O que o XX Congresso do PCUS fez foi dar caráter aberto e mesmo militante ao processo de desestalinização. Em vez de falar de culto da personalidade em geral, o XX Congresso citou Stalin pelo nome, acusou-o de desvirtuar o espírito do socialismo e propôs um combate para que os métodos políticos stalinistas fossem extirpados. Importante também foi que o XX Congresso foi o momento em que Khrushchev adotou de corpo e alma a tese da desestalinização. Como vimos, no período 1953-1955, o motor principal dos ventos de liberalização vinha da ala de Malenkov e Mikoyan. Khrushchev era um centrista que manobrava entre a ala "liberal" e a ala dos mais próximos a Stalin (Molotov, Voroshilov etc.).

O fato de Khrushchev ter sido o líder que leu o famoso discurso secreto no final do XX Congresso e adotou a tese da "desestalinização forçada" como política principal o colocou em situação de grande risco. Se a desestalinização levasse à desestabilização do campo socialista, ele poderia ser apontado como o culpado. Aí entra o caso da Hungria.

Como vimos, após o XX Congresso surgiram movimentos de rebelião no campo socialista. Em junho houve revoltas de trabalhadores na Alemanha Oriental e na Polônia. As da Alemanha foram, de maneira rápida, dissolvidas com tanques e concessões. Já na Polônia, a situação se desenvolveria até a crucial noite de 19 de outubro em que Gomulka arrancou dos soviéticos não só o posto de primeiro secretário do partido, mas também o direito a uma via interna própria para o socialismo na Polônia (desde que mantendo-se alinhada à URSS externamente). Essa aparente vitória da "via polonesa" foi um grande incentivo para os húngaros tentarem dali a alguns dias sua "via magiar" própria.

Aqui é interessante fazer uma comparação entre os caminhos da Polônia e da Hungria. De pontos de partida semelhantes (a ascensão ao poder da ala liberal com seus líderes simbólicos, Gomulka e Nagy), a Polônia passou pelo caminho da reforma (pacífica) e a Hungria pelo caminho da revolução (violenta). Por que essa diferença? A razão imediata principal foi a natureza da liderança do "antigo regime" antes da liberalização. Rákosi era um stalinista empedernido ("o melhor discípulo de Stalin", em sua autodescrição) e tentou impor um regime baseado em repressão até o último minuto. Essa inflexibilidade fez com que o processo de reação contrária tivesse também um caráter mais radical e violento. Já na Polônia, o "antigo regime" imediatamente anterior a Gomulka não era liderado por um stalinista antigomulkista empedernido. Ochab, o primeiro secretário do partido antes de Gomulka, era mais um "centrista" ao estilo do Khrushchev original: nem especialmente liberal nem especialmente stalinista. A maior flexibilidade da liderança polonesa anterior acabou propiciando uma transição mais negociada. Gomulka revelou-se menos "liberal" e mais disposto a compromissos que Nagy.

Ao que tudo indica, na Polônia a liderança soviética chegou ao seu raio máximo de compromisso. Permitiria uma via própria polonesa, desde que essa não saísse dos limites do campo socialista. É importante notar que tal coisa foi uma concessão forte dos líderes soviéticos. Quando a Iugoslávia reivindicou autonomia para sua própria via ao socialismo sob Stalin, acabou expulsa do Cominform em 1948. Khrushchev não apenas se reaproximou de Tito, como também extinguiu o Cominform em abril de 1956. Com a permissão da "via polonesa" em 19 e 20 de outubro, o cenário parecia sugerir que o campo socialista estaria aberto a diferentes caminhos nacionais para o comunismo.

Antes de analisarmos o processo que acabou levando a que isso não acontecesse na Hungria, uma observação é importante. Independentemente da via (reforma ou revolução, pacífica ou violenta), os regimes *posteriores* da Polônia e da Hungria, sob Gomulka e Kádár, mostraram semelhanças notáveis. Em ambos, o modelo soviético original sofreu grandes adaptações e amputações. A Polônia praticamente não seguiu o modelo da coletivização agrícola ao mesmo tempo que mesmo a recoletivização kadarista nos anos

1960 continha muitos elementos de autonomia para os produtores individuais dentro dos kolkhozes. Em ambos os países, elementos de descentralização e de mercado foram empregados em escala bem mais ampla que na URSS, sendo permitida uma *quasi*propriedade privada em pequenos negócios familiares. Os modelos socialistas da Polônia e da Hungria, em suma, eram menos ortodoxos e centralizados que na URSS. Ou seja, parece que por vias diferentes a Hungria e a Polônia chegaram a destinos semelhantes.

Mas fica a pergunta importante. Se os líderes soviéticos permitiram à Polônia seguir sua via própria, porque não o permitiram à Hungria? A resposta de que os poloneses aceitaram a tutela externa soviética (e por isso lhes foi concedida autonomia interna) e que os magiares não a aceitaram só vale para o período final do levante, após a proclamação da neutralidade e da retirada do Pacto de Varsóvia por Nagy em 1º de novembro. Só aí os húngaros deixaram claro que não aceitariam a tutela externa soviética. Mas a decisão de invadir foi tomada pelos líderes russos, como vimos, no dia 31 de outubro, portanto a decisão do dia 1º de novembro não pode tê-la causado. Os soviéticos decidiram invadir antes da declaração de neutralidade. O que os fez decidir invadir? O que nos acontecimentos húngaros fez com que os líderes russos não lhes dessem autonomia de via própria como fizeram com os poloneses?

Nesse ponto as declarações dos líderes soviéticos na época podem ser tomadas como verdadeiras. Khrushchev, ao justificar a invasão, dizia que ocorria na Hungria uma contra-revolução que poderia tirar o país do caminho do socialismo e levar à restauração do capitalismo (Khrushchev, 1971, v. 2, p. 88). Ou seja, na concepção dos russos, o governo Nagy faria a Hungria sair da órbita do socialismo.

Seria isso verdade? Essa é uma das questões mais controversas sobre o levante da Hungria: o movimento nascido a 23 de outubro e em especial o governo Nagy instituído no dia 24, por sua lógica interna própria, conduziria a Hungria de volta ao capitalismo ou, como afirmava na época Nagy, a faria trilhar um tipo próprio de socialismo?

Esse é um pensamento contrafactual difícil de ser respondido. Suponhamos que o Presidium do PCUS não tivesse se decidido (como vimos em RGANI, F. 3, Op. 12, D. 1006, L. 4-4ob. e 15-18ob.) em suas reuniões de 23 e 31 de outubro pelo envio de tropas russas contra os rebeldes húngaros e não tivesse havido aquela movimentação não-declarada de tropas soviéticas antes do dia 31. Ou seja, suponhamos que os soviéticos tivessem, desde o início no dia 23, deixado aos próprios húngaros a tarefa de resolver seus problemas internos. O regime resultante teria sido um regime socialista sob liderança de Nagy ou teria desembocado de volta no capitalismo?

O governo Nagy a partir de 1º de novembro (dia da declaração de neutralidade e saída do Pacto de Varsóvia) era um governo acuado e que, no desespero, havia apelado às potências ocidentais capitalistas do Conselho de Segurança da ONU. Se, num pensamento contrafactual igualmente desesperado, as potências capitalistas fossem em ajuda da Hungria (arriscando-se a uma guerra com a URSS), é muito provável que as pressões por uma restauração capitalista fossem fortes. Entretanto, dentro desse mesmo pensamento contrafactual algo irrealista, não se pode descartar a possibilidade do compromisso de uma Hungria neutra e ainda socialista como alternativa a uma guerra nuclear de aniquilamento entre ambas as partes.

Mas considero o pensamento contrafactual acima bastante irrealista. Se já seria difícil para Hungria esperar ajuda ocidental aberta e decisiva em um contexto pós-Yalta comum, seria ainda mais no contexto da crise de Suez dividindo as potências ocidentais entre si e minando-lhes a autoridade moral.

O pensamento contrafactual realmente interessante é o seguinte. Se a URSS não houvesse intervido e houvesse deixado o movimento de 23 de outubro ser resolvido pelos próprios húngaros, o governo Nagy teria levado à implantação de uma via *socialista* húngara de desenvolvimento? Ou as pressões não-socialistas internas teriam acabado por hegemonizar o processo?

Para responder a essa pergunta, precisamos indicar as forças que pressionavam rumo ao socialismo e aquelas que pressionavam em outras direções por volta do dia 24 de outubro.[11]

Em direção ao socialismo tínhamos o próprio governo Nagy do dia 24 de outubro, herdeiro de todo o regime de socialismo real do pós-guerra. Também em direção ao socialismo havia a Ranger-hobsbawniana *tradição inventada* (existente havia apenas cerca de uma década na Hungria do pós-guerra) de que a terra e as fábricas não devem pertencer a monopolistas particulares. No lado dos camponeses, uma volta ao *status quo* capitalista de latifúndios de antes de 1945 era impensável. Apesar de, por certo, haver opiniões alternativas de que a propriedade privada, em especial se mais democratizada, poderia ser benéfica, a *tradição inventada* a que me referi havia já fincado raízes algo profundas. Um reflexo da força dessas raízes estava em um outro grande fator de impulso ao socialismo do movimento de 23 de outubro: os Conselhos Operários. Os Conselhos Operários foram órgãos pelos quais, na confusão da rebelião, os trabalhadores tomaram o poder *real* sobre as fábricas, tanto no processo decisório como executivo.

Os Conselhos de Trabalhadores se espalharam por todo o país num curto espaço de tempo. Surgiram até como uma necessidade de autogoverno diante do vácuo de poder estabelecido por alguns dias. Mas não se pense que foram resultado apenas da bagunça da situação. Não foram grupos de trabalhadores em cada fábrica tomando o poder, de forma oligárquica, para si. Como vimos antes, no dia 26 de outubro, o Conselho Nacional dos Sindicatos assumiu a idéia dos Conselhos Operários e inclusive propôs regras para sua institucionalização sistemática, como a eleição do Conselho por todos os trabalhadores de uma unidade produtiva e que em empresas até cem operários todos poderiam participar do Conselho. A situação jurídica das empresas se alterava: as fábricas deixavam de ser simples propriedade estatal e passavam a ser propriedade estatal administrada pelo Conselho Operário. Em nenhum momento houve proposta de algum Conselho Operário para a passagem das fábricas ao regime de propriedade privada. Ao contrário, o regime que dali emanava era o de um socialismo mais descentralizado, do tipo iugoslavo. Como declarou a Rádio Györ Livre, que aliás era uma das mais rebeldes e antigovernamentais:

> Isso não é uma contra-revolução, mas um movimento nacional do povo húngaro. Os trabalhadores e camponeses de Györ-Sopron não querem a restauração do poder dos fabricantes e donos de terra: a revolução nacional não objetiva a restauração do antigo regime. (Hungarian Committee, 1959, pp. 89-90).

Assim, o movimento trabalhador organizado nos Conselhos Operários, por sua lógica interna própria, não conduziria a uma restauração capitalista, mas a alguma forma de socialismo descentralizado do tipo iugoslavo.

Quais seriam então as tendências latentes anti-socialistas no início do levante húngaro? O primeiro caso é o dos outros partidos não-comunistas que fizeram parte da coalizão governamental multipartidária de Nagy a partir do dia 30 de outubro: o Partido dos Pequenos Proprietários Rurais, o Partido Camponês (Petöfi) e os social-democratas. Estes foram partidos existentes antes da Segunda Guerra Mundial e que tinham, então, em menor ou maior grau, aceitado o regime de propriedade privada. Como o período da Hungria sob o comunismo (iniciado em 1944) mal tinha uma década de existência, era razoável supor a possibilidade de haver elementos nesses partidos que, em seu íntimo, desejassem um regime de propriedade privada. Entretanto, esta suposição razoável deve sofrer qualificações. Primeiro de tudo, estes partidos foram convocados ao poder pelo próprio Stalin! A estratégia inicial de Stalin no imediato final da guerra, quando ainda estava de pé a aliança com os países ocidentais, era de os comunistas assumirem o poder no Leste Europeu em coalizão com os partidos pequeno-burgueses ditos "progressistas" (como os social-democratas, partidos camponeses etc.). Foi a partir do deslanchar aberto da Guerra Fria em 1947, com a doutrina Truman, que a estratégia foi mudada e, por volta de 1948, quase todos os países do Leste Europeu passaram por uma concentração de poder nas mãos do partido comunista. Assim, em si, a retomada de um governo de coalizão dos comunistas com os social-democratas, Pequenos Proprietários Rurais e Partido Camponês não poderia ser vista pelos soviéticos como uma demonstração de que o regime não era mais socialista; senão, Stalin também haveria instalado um governo não-socialista na Hungria em 1945! Mesmo antes da Segunda Guerra Mundial, os partidos Social-democrata e Camponês (e mesmo o dos Pequenos Proprietários Rurais) tinham alas progressistas, com preocupações sociais. Por meio de pressões dos comunistas, as alas anticomunistas desses partidos tinham sido expurgadas em 1945-47. O resultado de todos esses fatores é que a simples entrada de ministros provindos desses partidos no governo comunista de Nagy em 1956 não significava necessariamente um tom anti-socialista ou pró-capitalista (assim como não significaram isso nos primeiros anos do pós-guerra). Um exemplo disso pode ser visto na fala de Béla Kovács, ex-secretário-geral do Partido dos Pequenos Proprietários Rurais e ministro do novo governo de Nagy em 31 de outubro:

> O Partido [dos Pequenos Proprietários Rurais] tem total liberdade para se reorganizar, mas a questão é se, em sua constituição, vai proclamar suas velhas idéias de novo. Ninguém deve sonhar em voltar ao mundo dos aristocratas, banqueiros e capitalistas.

Talvez mais importante como fator anti-socialista fosse a mentalidade de ódio ao comunismo "real" imperante no PTH durante os anos de Rákosi. A repressão e o excesso de burocratismo do regime de Rákosi alienaram parte da população do partido. A fronteira entre essa aversão ao regime rakosista e o anticomunismo podia revelar-se tênue. Nesse sentido, o sucesso do governo Nagy poderia ser importante para provar à população que um socialismo *democrático* era possível.

Como não temos pesquisas de opinião confiáveis da população como um todo nesse período, nunca saberemos ao certo se, caso deixadas por si mesmas, prevaleceriam as tendências da aversão popular ao regime Rákosi se transmutar em anti-socialismo geral ou se a eliminação das distorções do capitalismo do pré-guerra (concentração de terras nas mãos dos latifundiários, das fábricas nas mãos de uma minoria burguesa ou nobre) teria impregnado já de tal modo a população trabalhadora organizada que ela não aceitaria um retorno ao regime de propriedade privada ou ao capitalismo. Eram duas tendências fortes em direções diferentes.

Outra força que poderia representar um eventual empuxo anti-socialista era o anticomunismo (no sentido de aversão ao partido comunista) de *alguns* grupos rebeldes paramilitares. A ideologia desses grupos era variada. Alguns, mais radicais, exigiam a formação de um governo multipartidário sem participação dos comunistas do PTH. Os rebeldes do largo Corvin, por exemplo, no fim de semana do dia 27 de outubro, exigiam que o governo fosse liderado, não por Nagy, mas pelo escritor Péter Veres (do Partido Nacional Camponês). Entretanto, ao longo do levante, nenhum desses grupos que exigiam eleições multipartidárias explicitamente defendeu o retorno da propriedade privada. Até que ponto isso representava uma simples acomodação política às necessidades do momento ou uma real falta de apoio à volta da propriedade privada constitui uma questão difícil. Emblemáticas dessa situação foram as declarações de um dos líderes rebeldes paramilitares mais importantes, József Dudás. Ele declarara que "nós não queremos os comunistas encarregados do poder em nosso país", mas também que "não toleraremos direitistas ou fascistas [em nosso meio]" (Irving, 1986, pp. 402 e 404).

Finalmente o grupo potencialmente anti-socialista que no "presente" (*i.e.*, no início do levante húngaro) tinha a menor força, mas que no "futuro" (*i.e*, depois de uma possível vitória húngara) poderia vir a ser a maior força nesse sentido, era o dos antigos partidos capitalistas do pré-guerra e que não tinham participado da coalizão de 1945. Exemplos seriam o Partido Católico Popular, o Partido Democrático Popular, o Partido da Independência Húngara etc. Essas organizações estavam tentando se reconstituir durante o outubro húngaro e não tiveram papel notável no movimento. Entretanto, a longo prazo, se conseguissem se soerguer, especialmente os partidos católicos teriam um considerável potencial de procurar restaurar aspectos da ordem capitalista. O catolicismo, religião da maioria da população, seria talvez o único pólo por si mesmo capaz de rivalizar com o socialismo em termos de internalização ideológica naquele momento.

Assim, a questão se o movimento húngaro deixado por si mesmo desembocaria numa forma própria de socialismo ou numa restauração do capitalismo deve ser respondida em vários níveis. Primeiro, na sua fase final, o movimento já estava em uma etapa desesperada em que apelara às potências

O ANO DE TODAS AS POSSIBILIDADES   99

capitalistas por socorro. Esse já era um período atípico, devido às crescentes pressões soviéticas. O principal é saber se o movimento húngaro, caso deixado por si mesmo, a partir de suas tendências *internas* principais, desembocaria em uma forma de socialismo. Levando em consideração que Nagy era um comunista (bastante disciplinado, aliás) que desde o início afirmara o caráter socialista de seu governo, que os Conselhos Operários pregavam um autogoverno dos trabalhadores claramente socialista, que mesmo a fase multipartidarista do governo Nagy era uma reedição da coalizão partidária de 1945, é razoável assumir que o discurso oficial de que se buscava um caminho húngaro para o socialismo era verossímil e viável. A meu ver, o fiel da balança nessa questão hipotética estaria no caráter do movimento trabalhador organizado nos Conselhos Operários.[12]

Aqui podemos fazer algumas inferências da experiência histórica internacional.

A primeira inferência é que o simples fato de um país sair do âmbito de uma organização como o Pacto de Varsóvia não quer dizer que ele cairia automaticamente no campo capitalista. A Iugoslávia foi excluída do Cominform em 1948 e nem por isso passou ao campo capitalista. Assim, não há razão para excluir a Hungria da mesma possibilidade.[13]

Um outro dado a favor de um caráter socialista mais permanente para o movimento húngaro é que quanto mais cedo acontecer um movimento de reforma no campo do socialismo real, *ceteris paribus*, mais chance terá de florescer na direção do próprio socialismo. Como os países do Leste Europeu constituíam regimes repressivos, quanto mais tempo eles durarem, mais chances haverá das pressões internas acumuladas se avolumarem. Essa acumulação de contradições com o passar do tempo é perigosa: quando estourar a crise, ela poderá mostrar-se radical e anti-socialista ao extremo ("teoria da panela de pressão"). Nos estágios iniciais, enquanto as memórias da situação de exploração do regime anterior ainda estão frescas e o regime ainda não se mostrou *irreversivelmente* repressor e sem saída, haverá mais chance e crença de que formas alternativas de socialismo podem ser tentadas. Tome-se o caso da perestroika, por exemplo. Após várias décadas do socialismo real, com a URSS se revelando invulnerável a tentativas de democratização, as pressões acumuladas eram tantas que, quando liberadas, extrapolaram os limites do socialismo e, na confusão das próprias reformas, acabaram desembocando no capitalismo.[14] A Hungria, em 1956, apenas após quase uma década de socialismo real, estaria em um bom momento para retificar os erros passados e tentar uma via democrática para o socialismo.

A possibilidade de que o movimento húngaro e o governo Nagy inicial se encaminhassem para a busca de um caminho socialista próprio (como a Iugoslávia) era bastante alta, caso fosse permitido aos magiares resolverem sua própria situação interna. Uma outra pergunta mais profunda é: conseguiriam os húngaros atingir um verdadeiro socialismo *democrático*? Uma das críticas que se fazia aos países do socialismo real (inclusive a Iugoslávia) era a de que se tratava de regimes bastante autoritários: o socialismo estava mais no nível econômico (da propriedade coletiva dos meios de produção) que no nível político (onde o processo decisório parecia dominado por uma elite partidária).

Um observador cético poderia responder à pergunta anterior com um sonoro "não", baseado apenas em um argumento muito utilizado. A Hungria, mesmo que se mantivesse na seara socialista, não conseguiria atingir um socialismo realmente democrático pela simples razão de que nenhum país até hoje conseguiu essa façanha. Para muitos pensadores não-socialistas, na verdade essa é uma tarefa impossível por definição, pois socialismo e democracia seriam antitéticos. Para o pensamento liberal tradicional, o Estado em si é antitético à liberdade individual. O indivíduo só floresce onde o Estado é cerceado. Como o socialismo real até hoje significou a propriedade *estatal* dos meios de produção, a liberdade individual fenecerá. Mesmo os social-democratas não liberais parecem ter abandonado a possibilidade de um verdadeiro socialismo democrático e se limitado a "civilizar" o capitalismo, através de restrições ou mecanismos sociais.

Nesse ponto, precisamos definir melhor nossos termos. O que significa, na verdade, "socialismo"? A situação da China no alvorecer do século XXI mostra a complexidade do problema. Há dois níveis importantes de análise nessa questão. Primeiro de tudo, quando utilizamos a definição usual de que socialismo é o regime no qual os meios de produção estão *socializados*, na verdade utilizamos um raciocínio algo tautológico. O que significa, então, "socializados"? Assim como a propriedade privada pode existir em outros modos de produção que não o capitalismo, a propriedade estatal pode também não significar, de forma direta, socialismo. Em um regime em que os meios de produção são todos estatais, mas o processo decisório político não é democratizado, a propriedade estaria realmente "socializada"? Isso quer dizer que o socialismo não pode existir sem democracia no campo decisório (político)? Visto de outro ângulo, pode existir socialismo que não seja democrático?

Essa última é uma pergunta difícil de ser respondida. Respondê-la, sem titubear, na afirmativa pode significar assumir uma concepção idealista do socialismo e achar que só será atingido no dia em que houver um regime socialista deveras democrático. A história infelizmente não caminha assim tão aos saltos. O capitalismo levou séculos até chegar à democracia. Apenas no século XX os diversos países foram ultrapassando a marca *mínima* de mais de 50% da população com direito a voto, atingindo o governo da maioria. Infelizmente, o socialismo real, com décadas de existência, pode levar também bastante tempo até chegar a uma verdadeira democracia política.

Assim, em nossa definição de socialismo, precisamos trabalhar em dois níveis. Primeiro de tudo: a propriedade "social" dos meios de produção não é sinônimo de propriedade estatal. Um país onde os meios de produção estivessem não em mãos privadas, mas em forma de cooperativas de trabalhadores, poderia ser considerado socialista (dependendo como o processo decisório e a distribuição de riquezas são formatados nessa sociedade). Mesmo no socialismo real tivemos a diferença entre a propriedade estatal centralizada da URSS e a propriedade estatal mais descentralizada da Iugoslávia.

O outro nível de discussão é saber se o socialismo inclui em si, de forma indispensável, a noção de democracia política. É possível um socialismo não-democrático, tirânico? Um grande número de politólogos não apenas responderia que sim, como afirmaria que isso é o que ocorreu na prática nos países socialistas. Não entraremos aqui nessa discussão, que também é complexa e não é simples de ser resolvida. Entretanto, arriscaremos uma definição de socialismo que tente incorporar a democracia política ao mesmo tempo fugindo do idealismo puro. Seria possível definir o socialismo como o "regime em que os meios de produção *e os processos decisórios* estão socializados"?

A socialização dos processos decisórios excluiria o caso do socialismo em que uma minoria domina *em nome da* classe operária, pois exigiria que a própria classe trabalhadora em si participasse das decisões. Nesse caso, o socialismo não poderia existir apenas em sua versão minimalista tecnocrática ("meios de produção socializados") e faria da democracia (= "governo do povo") uma parte essencial de sua definição.

Vimos que a Hungria, se deixada a seus próprios impulsos internos, tinha boas chances de se manter no caminho do socialismo (em sua definição minimalista tecnocrática), pelo menos em algo parecido com o que a Iugoslávia já tinha feito. A pergunta mais profunda (e apropriada, pois o governo Nagy se dizia proposto a tal) é se os húngaros conseguiriam atingir o almejado ponto do socialismo naquela versão mais ampla exposta, que incluiria a democracia política. Isso nunca saberemos. O que não podemos

HUNGRIA 1956

é excluir essa possibilidade *a priori* com o argumento fatalista de que não conseguiriam porque até hoje nenhum país conseguiu. Se há uma lição que a história ensina é que o passado *não* domina o futuro. Até o primeiro capitalismo democrático aparecer, nenhum país tinha conseguido isso. Até o primeiro socialismo real ("tecnocrático") aparecer, nenhum país tinha conseguido isso. Até o primeiro socialismo realmente democrático aparecer, nenhum país terá conseguido isso...

NOTAS

[1] O Cominform era o órgão de troca de informações e coordenação entre os partidos comunistas dos países do Leste Europeu, criado em setembro de 1947. Por sua decisão de seguir um caminho socialista próprio, a Iugoslávia seria expulsa da organização em junho de 1948 por Stalin. Com a reaproximação entre Khrushchev e Tito, o Cominform seria dissolvido em abril de 1956.

[2] O arcabouço factual do relato histórico a seguir foi extraído do mimeo de 2005 de Ladislao Szabo sobre os acontecimentos de 23 de outubro a 4 de novembro de 1956 (por sua vez baseado em Ripp, 2002; Kiszely, 2001; Romsics, 1999; Rainer, 1999; Gosztonyi, 1993; Méray, 1989 e Tóbiás, 1989) e também de Khrushchev, 1971; Hungarian Committee, 1959; Fejtö, 1977; *Sovetskaya Istoricheskaya Entsiklopediya*, 1961-1976; Irving, 1986; Paloczi-Horvath, 1964; Mikes, 1957; Montgomery, 1999; Radio Svoboda, 2005; Mezhdunarodnyi Fond "Demokratiya" [Fundo Alexandre Yakovlev – diversos itens]; Arkhiv Prezidenta Rossiiskoi Federatsii, fundo 3; e Rossiiskii Gosudarstvennyi Arkhiv Noveishei Istorii [RGANI], fundo 3).

[3] "Na Rússia você faz o que tem de fazer, na Polônia você faz o que quer." Provérbio polonês.

[4] É importante ressaltar que essa declaração de neutralidade, apesar de emitida no desespero, acenava ainda para os soviéticos em duas direções conciliadoras pouco ressaltadas na historiografia. Uma é que a neutralidade fornecia uma garantia de que os húngaros, apesar de saírem do Pacto de Varsóvia, *não* passariam a nenhuma aliança ocidental hostil aos soviéticos. A outra é que os húngaros apelavam para as *quatro* grandes potências da ONU (incluindo a URSS, além dos EUA, Inglaterra e França) para atuarem como garantidoras de sua neutralidade

[5] Os documentos a serem citados (rascunhos das atas das reuniões decisivas do Politburo, os telegramas secretos enviados da Hungria por Mikoyan e o embaixador Andropov à liderança soviética etc.) encontram-se em dois arquivos estatais em Moscou: *Arkhiv Prezidenta Rossiiskoi Federatsii* (APRF) e *Rossiiskii Gosudarstvennyi Arkhiv Noveishei Istorii* (RGANI). Parte desses documentos estão sendo digitalizados pelo Fundo Internacional "Demokratiya" – Fundo Aleksandr Yakovlev – e encontram-se disponíveis em <www.idf.ru>. Nos parágrafos seguintes, a citação arquivística será feita na forma padrão russa: sigla do arquivo, F. (*Fond*, "Fundo"), Op. (*Opis*, "Série"), D. (*Delo*, "Dossiê"), L. (*List*, "Folha"). Exemplo: APRF, F. 3, Op. 64, D. 483, L. 151.

[6] Os rascunhos das atas secretas das reuniões do Presidium soviético dos dias 23, 30 e 31 de outubro e 2 de novembro, que decidiram sobre a invasão e a criação do novo governo kadarista na Hungria, estão reproduzidos na íntegra nos anexos na parte final deste livro.

[7] Trata-se de uma expressão latina que foi utilizada pelo poeta Horácio. Significa "Loucura maravilhosa!".

[8] Uma pesquisa realizada com refugiados húngaros no final de 1956 apontou que 79% haviam escutado regularmente a Radio Free Europe naquele ano (Irving, 1986, p. 155).

[9] Negadas por muito tempo pelo governo soviético, essas deportações clandestinas hoje podem ser oficialmente confirmadas pela liberação do telefonograma secreto de 14 de novembro de 1956 de Andropov e Serov, enviado de Budapeste ao Comitê Central do PCUS em Moscou, confirmando a existência de tais ações e comunicando o protesto de Kádár e Münnich em relação a elas (APRF, F. 3, Op. 64, D. 486, L. 143-144).

[10] Em termos de postos formais, Kádár seria secretário-geral do Partido Socialista dos Trabalhadores da Hungria de 1956 a 1988 e primeiro-ministro do país entre 1956-1958 e também entre 1961-1965.

[11] Um problema para esse tipo de discussão é o que significa ser "socialista". Discutiremos isso posteriormente. Para os fins da presente questão, utilizaremos o senso comum que identifica o socialismo como propriedade

O ANO DE TODAS AS POSSIBILIDADES   103

social dos meios de produção (incluindo a coletiva/estatal dos países do chamado socialismo real) e o capitalismo como o regime em que impera a propriedade privada dos meios de produção.

[12] A impressão de que o movimento húngaro de 23 de outubro, se deixado por conta própria, caminharia em direção a alguma forma de socialismo e não para a restauração do capitalismo é partilhada por vários intelectuais magiares emigrados que escreveram sobre o assunto (*e.g.*, Mikes, 1957, p.162; Meray, 1958, pp. 175-7, 225 e 230; Hungarian Committee, 1959, pp. 89-90, 93 e 95;). Para uma visão contrária abalizada, ver Irving, 1986, esp. pp. 275, 290-1, 469, 483-4.

[13] Há, entretanto, uma diferença importante entre Hungria e Iugoslávia. Na Iugoslávia, o socialismo nasceu como resultado de um movimento autóctone de resistência *partisan* durante a Segunda Guerra Mundial. Já na Hungria, o socialismo veio de fora, ainda mais trazido por tanques de ocupação. A experiência mostra que em países como Rússia, Cuba, China etc., onde o socialismo nasceu de movimentos autóctones, os valores socialistas impregnam mais fortemente a população que em países onde o socialismo veio trazido de fora, como no caso do Leste Europeu. Por outro lado, também não se pode esquecer que a Hungria, em 1919, foi por quatro meses uma república soviética (autóctone, sob Bela Kun), o que, de certa maneira, denota que impulsos internos não estavam totalmente ausentes.

[14] Para um exame mais aprofundado dos processos da perestroika e transição na URSS/Rússia, ver os três livros de Angelo Segrillo, escritos a partir de pesquisa nos arquivos de Moscou: *O declínio da URSS: um estudo das causas* (2000b), *O fim da URSS e a nova Rússia* (2000a) e *Rússia e Brasil em transformação: uma breve história dos partidos russos e brasileiros na democratização política* (2005).

VISÕES E REPERCUSSÕES

Maria Aparecida de Aquino e Pedro Gustavo Aubert

O levante húngaro de 1956, ao contrário do que se poderia pensar, teve enorme impacto no mundo inteiro. Isso abarcando desde o movimento comunista internacional até os mais ferrenhos defensores do chamado bloco capitalista. Queremos abordar algumas das principais repercussões internacionais, porém com ênfase nas visões brasileiras sobre o levante de 1956. No contexto internacional, o Brasil alinhava-se ao bloco sob hegemonia dos Estados Unidos, ocupando, segundo alguns autores, posição "periférica", porém de destaque no chamado sistema capitalista mundial.[1]

O Partido Comunista Brasileiro (PCB), assim como outros partidos comunistas (PCs) do mundo, mantinha relações estreitas com Moscou, sendo muitos de seus membros para lá enviados com a finalidade de participarem de cursos promovidos pelo Partido Comunista da União Soviética (PCUS). O PCB, em 1946, época da legalidade (compreendida entre 1946 e 1947), teve votação bastante expressiva. Mesmo após ser posto na ilegalidade (o que o impedia de participar de eleições), continuava, na visão dos "donos do poder" (Faoro, 1958) representando uma ameaça ao *status quo*. O levante húngaro e a conseqüente intervenção soviética contribuíram para aumentar o medo atávico das chamadas "elites brasileiras" com relação ao que poderia acontecer no Brasil caso os comunistas chegassem ao poder. Suas repercussões no Brasil extrapolam os limites do PCB, atingindo a intelectualidade alocada em centros como a Universidade de São Paulo (USP) e o grupo do Instituto Superior de Estudos Brasileiros (ISEB), baluartes de um grande embate daquele momento.

HUNGRIA 1956

O levante húngaro de 1956 já foi tratado anteriormente no trabalho do jornalista pernambucano Lenildo Tabosa Pessoa, *A revolução popular: operários, estudantes e intelectuais contra o imperialismo* (1966). Essa obra, além de ser rica em informações, expressa bem uma visão conservadora sobre o episódio em questão.

ALGUMAS DAS PRINCIPAIS REPERCUSSÕES INTERNACIONAIS

> WASHINGTON PENSA EM INTERVIR NA HUNGRIA
>
> **Se os húngaros estiverem lutando ainda na próxima quarta-feira, estaremos mais perto da guerra do que jamais estivemos desde agosto de 1939.**
>
> LONDRES, 4 (F.P.) – Segundo Philip Deane, correspondente do "Observer" em Washington, que cita um alto funcionário americano, o governo americano pensa seriamente em intervir no conflito entre a Hungria e a União Soviética se, como se teme, a chegada de novas forças armadas soviéticas à Hungria tem como objetivo reprimir a revolta húngara e "afogá-la num mar de sangue".
>
> Deane acrescentou que, bem entendido, nada se faria antes da eleição presidencial, mas o alto funcionário em questão declarou: "Se nossos temores se confirmarem e os húngaros, assediados, conseguirem resistir durante três ou quatro dias, a pressão que será feita sobre a América para que ela intervenha militarmente pode tornar-se irresistível. Se os húngaros estiverem lutando ainda na próxima quarta-feira, estaremos mais perto da guerra do que jamais estivemos desde agosto de 1939".
>
> Fonte: *Diário da Noite,* 5 de novembro de 1956.

O XX Congresso do PCUS e o levante húngaro, ambos acontecimentos do ano de 1956, deixaram cicatrizes profundas em todo o movimento comunista internacional. Por isso, é necessário mencionar algumas das importantes repercussões internacionais ocasionadas por esses dois episódios.

A França foi o país que assistiu às mais violentas reações à intervenção soviética na Hungria. Em 1956, a esquerda francesa obteve grande votação, sendo o socialista Guy Mollet[2] investido no governo com apoio do Partido Comunista Francês (PCF). Porém, Mollet passa a cair em descrédito dentro da própria esquerda[3] francesa, ao mostrar-se totalmente contrário à possibilidade de independência da Argélia, cuja colonização iniciou-se no início do século XIX e em 1956 ainda era colônia francesa. Além disso, Mollet estava à frente do governo quando da intervenção no Egito promovida pela França e pela Inglaterra, em 1956, devido aos atritos em torno da nacionalização do Canal de Suez, promovida pelo governante egípcio, o coronel Gamal Abdel Nasser, que em 1967 liderou também os países árabes na chamada Guerra dos Seis Dias contra Israel. Essa medida contrariava os interesses econômicos anglo-franceses.

Quando eclodiu na Hungria a revolta contra o domínio soviético sobre o país, sendo invadido pela União das Repúblicas Socialistas Soviéticas (URSS), essa atitude foi apoiada pelo PCF, culminando, entre outras coisas, em uma manifestação anti-soviética que acabou por incendiar a sede do jornal comunista *L'Humanité*. Dentro do PCF havia contestação à posição adotada pelo Partido, sobretudo, por parte dos escritores como Jacques Francis Rolland, Claude Roy,[4] Claude Morgam e Roger Vailland,[5] que assinaram um documento de protesto contra a invasão da Hungria. O *L'Humanité* considerou que "esse ato de indisciplina contrário não somente aos princípios do partido, mas aos interesses da classe operária e da própria nação, será julgado severamente pelos trabalhadores" (Winock, 2000, p. 653). O Comitê Central do PCF infringiu uma condenação aos intelectuais Claude Roy, Claude Morgam e Roger Vailland, e expulsou Jacques Francis Rolland. O *L'Humanité* começou a usar a expressão "saúvas" para caracterizar a debandada de intelectuais do partido. Eram "As Saúvas e Seus Aliados". As saúvas são formigas cortadeiras e consideradas uma das maiores pragas da lavoura. O termo saúva nesse contexto denota uma visão de que os intelectuais do Partido seriam uma espécie de praga. O PCB também assistiu por parte de alguns setores do partido a uma verdadeira repulsa aos intelectuais ligados a ele devido à posição contrária à intervenção da URSS que tomaram na Hungria. As saúvas eram os escritores que citamos e os seus aliados eram Jean-Paul Sartre e o poeta Jacques Prévert.[6]

Muitas importantes personalidades do comunismo francês tiveram suas convicções gravemente abaladas. Yves Montand e Jean-Paul Sartre são exemplos claros.

Ao eclodir a insurreição na Hungria, Montand estava na França, onde já era conhecido cantor e ator. Seu engajamento no PCF contribuía para que suas canções fizessem sucesso no Leste Europeu e na URSS. No início de 1956, Montand assinou um contrato para ir em turnê ao Leste Europeu. Apesar de não se deixar afetar inicialmente, sua postura foi abalada por dois episódios: o primeiro foi o incêndio da redação do *L'Humanité*; o segundo, foi uma conversa com Sartre, na qual o filósofo defendeu os insurretos. Esses acontecimentos fazem Montand hesitar por muitos dias, acabando por aceitar ir à URSS, onde foi calorosamente recebido. Ali o cantor tem uma pequena querela com Nikita Khrushchev, dirigente soviético que iniciara uma campanha pela coexistência pacífica com o chamado bloco capitalista ao assumir o poder em 1953 devido à morte de Stalin. Esse episódio deu-se em meio a um jantar em função dos acontecimentos da Hungria e, em outra ocasião, ao sair de uma recepção na Casa dos Escritores o cantor esbravejou insultos a Stalin e à intervenção na Hungria. Em outro momento, ao andar de carro se perdeu pelo subúrbio de Moscou. Ali, com o olhar mais crítico, concluiu que o cotidiano de muitos soviéticos não era o paraíso proletário que ele defendia. Ao voltar da turnê, Montand começa a se afastar do modelo de comunismo ditado pela URSS. Em 1958, quando é noticiada a morte de Imre Nagy, o cantor condena publicamente o assassinato.

Jean-Paul Sartre, diferentemente de Montand, não hesitou tanto em tomar publicamente uma posição perante a ação soviética na Hungria. Sartre, apesar de nunca ter pertencido formalmente aos quadros do PCF, era uma figura de enorme destaque nos meios intelectuais de "esquerda" na França.

Michel Winock, em *O século dos intelectuais*, trata da trajetória de muitos importantes intelectuais do século XX. Ao tratar de Sartre, não deixa de mencionar 1956, que foi um marco na vida de Sartre. Segundo o autor, havia uma espécie de "contrato tácito" que unia Sartre ao PCF. Em meio às manifestações anticomunistas que prosseguiram pela França, o filósofo condenou a invasão soviética e rompeu suas relações com o comunismo francês e com o PCF em especial. Antes de Montand ir à URSS, Sartre lhe disse que: "Ir é apoiar os russos. Não ir é apoiar os reacionários" (Hamon e Rotman, 1993, p. 277). Em 9 de novembro de 1956, o jornal *L'Express* publicou uma entrevista na qual Sartre fala a respeito de seu descontentamento com os episódios da Hungria:

> Rompo com tristeza, mas inteiramente, minhas relações com meus amigos, os escritores soviéticos que não denunciam (ou não podem denunciar) o massacre na Hungria. Não é mais possível ter amizade pela facção dirigente da burocracia soviética: é o horror que domina. (Winock, 2000, p. 656).

Em janeiro de 1957, Sartre publicou três volumes de *Temps modernes*, para tratar apenas da questão da Hungria, com um texto de 120 páginas escrito por ele.

VISÕES E REPERCUSSÕES   109

Além dessas experiências, merece ser aqui lembrada a posição de Albert Camus a respeito de 1956. Camus, assim como Sartre e outros intelectuais franceses, condenou veementemente a intervenção soviética na Hungria. Porém, diferentemente de outros, foi favorável à intervenção anglo-francesa no Egito quando da nacionalização do Canal de Suez, posição essa que o separou de inúmeros amigos liberais e da esquerda não-comunista (Todd, 1998, p. 862). Camus se contrapunha a Sartre no tocante às guerras de libertação colonial. Sartre apoiava todas as formas de resistência, incluindo atentados. Já Camus os condenava, inclusive na Argélia, seu país de nascimento. Segundo Luís Fernando Veríssimo, isso foi uma das coisas que acima de qualquer outra motivaram a separação dos dois (Veríssimo, 2005).

A BANDEIRA DA HUNGRIA LIVRE INSPIRA EM PARIS A REVOLTA CONTRA O MASSACRE COMUNISTA

Cantando a "Marselhesa", dez mil pessoas desfilaram dia 8 pelas ruas de Paris, em sinal de protesto contra o massacre dos patriotas húngaros pelas tropas russas, dirigindo-se depois, para sede do Partido Comunista Francês, um prédio de 5 andares, de janelas protegidas por barras de ferro e de portas de aço, onde funciona também a redação de *L'Humanité*. Instigados por alguns deputados e ex-combatentes da Argélia e da Indochina, os manifestantes apoderaram-se das cadeiras dos bares vizinhos, quebraram os vidros do edifício, penetraram no prédio por uma janela do primeiro andar e jogaram à rua tudo o que encontraram (móveis e papéis) na redação do jornal comunista. Depois, fizeram uma fogueira com os exemplares do jornal e tocaram fogo no edifício, enquanto os gráficos e os redatores, encurralados nos andares superiores, reagiam jogando sobre os manifestantes chumbo derretido, barras de chumbo e baldes de ácido sulfúrico (um ex-pára-quedista do exército francês morreu banhado em ácido). Durante as manifestações, milhares de operários comunistas surgiram de repente em frente à sede do PC (o maior da França, com 6 milhões de eleitores) e entraram em choque com seus adversários, do que resultou ficarem feridas 80 pessoas, 40 em estado grave. Na véspera, uma campanha para colocar fora da lei o Partido Comunista Francês havia sido iniciada na Assembléia Nacional, em conseqüência do massacre dos patriotas húngaros.

Fonte: *Manchete*, 24 de novembro de 1956.

Dentre as repercussões internacionais de destaque do levante húngaro e suas conseqüências, não podemos deixar de comentar os impactos no PC britânico e no PC italiano.

HUNGRIA 1956

Eric Hobsbawn, em sua autobiografia *Tempos interessantes*, aponta para o embate no PC britânico. Segundo o autor, antes mesmo do início da insurreição na Hungria, o Partido já atravessava uma convulsão interna devido ao relatório de Nikita Khrushchev no XX Congresso do Partido Comunista da União Soviética. Até esse relatório cair nas mãos da imprensa não-comunista, a direção do partido procurou omitir isso de seus membros. Segundo Hobsbawn: "A Revolução de Outubro criou o movimento comunista internacional; o XX Congresso o destruiu" (2002, p. 226). A admiração por Stalin era imensa. De acordo com Hobsbawn, o líder soviético era tido como a personificação da "Causa". Sua morte causou enorme comoção até em quem o temia. Assim, a denúncia de Khrushchev foi um verdadeiro terremoto. Em *A era dos extremos,* o referido autor diz ser esse um marco do desmoronamento político do bloco soviético. Em 1956, Hobsbawn presidia o grupo de historiadores do Partido Comunista Britânico. O grupo fazia oposição à linha do Partido. Segundo Hobsbawn, o PC britânico não tinha uma estrutura como o PCF. Era como uma família, na qual militantes e dirigentes conversavam entre si sem grandes formalismos. Quando se iniciou a revolta na Hungria, foi publicada pela imprensa não-comunista uma carta de protesto coletiva, que fora recusada pelo *Daily Worker*, órgão de imprensa do PC britânico. Essa carta quebrava a disciplina partidária, pois, contrariamente às orientações do partido, a ação soviética estava sendo condenada. Diante dessa situação, a direção partidária concordou em nomear uma comissão para discutir o assunto com o grupo de historiadores. "Recordo de reuniões frustrantes" (2002, p. 233), salienta Hobsbawn. No entanto, mesmo com esse abalo, o historiador britânico permaneceu no partido. Pensando como historiador, diz ter entrado para o comunismo no tempo do colapso da República de Weimar, ou seja, quando isso não significava apenas a luta contra o fascismo, mas, sim, a "Revolução Mundial". Porém, ao falar como autobiógrafo, Hobsbawn diz:

> Não quero esquecer uma emoção particular: o orgulho. Perder a desvantagem de ser membro do Partido melhoraria minhas perspectivas de carreira, principalmente nos Estados Unidos. Teria sido fácil desligar-me discretamente. Mas eu tinha sido capaz de provar-me a mim mesmo, por haver tido êxito sendo comunista conhecido – o que quer que "êxito" queira dizer – apesar desse empecilho, e no meio da Guerra Fria. Não defendo essa forma de egoísmo, mas tampouco posso negar sua força. E por isso fiquei. (2002, p. 244).

O caso do Partido Comunista Italiano (PCI) também é diferente do PCF. O PCI, por sua vez, considerou que foram precisamente os erros

VISÕES E REPERCUSSÕES 111

cometidos no passado que ocasionaram o levante na Hungria. Também na contramão do que Hobsbawn relata ter ocorrido no PC britânico, o PCI divulgou nota em que diz claramente que o XX Congresso do PCUS estava permitindo aos comunistas do mundo inteiro conhecer os erros cometidos no passado para poderem evitá-los. No entanto, seria ingenuidade pensarmos que o PCI condenou a intervenção soviética. Ele a viu como um mal necessário, o que também não impediu que uma minoria interna a condenasse. Essa passagem da declaração do PCI, publicada em *A Voz Operária*, resume bem seu pensamento:

> Neste acúmulo de erros se abriu a estrada para a insurreição húngara, que está sendo hoje tão tragicamente desfrutada pelas forças contra-revolucionárias [...]. Naquele momento a questão em jogo era: a volta ou não do regime capitalista [...]. Era dever sacrossanto, naquela hora trágica impedir esse retorno. (*A Voz Operária*, 1º de dezembro de 1956).

Mesmo aceitando a tese de que o levante húngaro era uma contra-revolução, o PCI foi um dos PCs que mais publicamente assumiu uma postura autocrítica.

Como podemos perceber até aqui, é evidente que o levante húngaro provocou sérios abalos no movimento comunista na intelectualidade daquela época. Porém, afirmar apenas isso é um tanto quanto vago. Os casos abordados exemplificam diferentes tipos de repercussões e modos de sentir o impacto desse episódio. Assim, falar em repercussões do levante húngaro já se torna algo mais complexo do que poderia parecer à primeira vista. Não podemos simplesmente nos restringir a dizer que a intelectualidade ficou perplexa. A perplexidade de Camus, por exemplo, não é a mesma de Hobsbawn. Vale dizer também que a desilusão com o comunismo não foi algo instantaneamente provocada pelo levante húngaro e também não significou um abandono das bandeiras defendidas por ele, mesmo que isso significasse um afastamento do movimento.

Emblemática, nesse sentido, a já citada frase de Sartre para Montand: "Ir é apoiar os russos. Não ir é apoiar os reacionários". Essa frase reflete entre outras coisas um conflito. Por um lado, a intervenção soviética na Hungria chocava a todos, inclusive os comunistas. Por outro, os próprios comunistas, ainda que perplexos perante o que acontecia, liam constantemente na imprensa partidária que o que ocorria na Hungria era uma contra-revolução fascista, portanto, mesmo que muitos considerassem condenável o que a URSS fazia naquele momento, eram logo abatidos pelo

HUNGRIA 1956

pensamento de que opor-se a isso seria apoiar os reacionários que desejavam deslocar a Hungria para a órbita do então chamado bloco ocidental. O posicionamento do PCI vai na mesma direção dessa frase de Sartre. Porém, no caso de Sartre seu choque com a intervenção na Hungria foi mais forte do que a possibilidade de apoiar os reacionários. O país que até então era tido pelos comunistas como porta-voz da liberdade dos povos revelava sua face autoritária.

No caso de Hobsbawn, mesmo tendo continuado no PC britânico, é inegável o abalo que, para ele, teve o levante húngaro, fazendo-o inclusive pensar em se desligar do partido. Porém, o fato de ter entrado no comunismo em nome da "revolução mundial" e seu orgulho de intelectual comunista tiveram peso maior. Montand, por sua vez, mesmo tendo se decepcionado com sua experiência na turnê pelo chamado "socialismo real" (expressão utilizada para se referir ao regime dos países do chamado bloco soviético ou oriental), no que diz respeito às condições de vida de parte de suas populações, e apesar de se sentir muito mal por estar na URSS enquanto a Hungria era atacada, se distanciou da militância que pregava o modelo de comunismo da URSS, mas não chegou a abandonar as bandeiras do comunismo.

Assim, embora possamos parecer um pouco repetitivos, procuramos deixar claro para o leitor que foi a intervenção soviética na Hungria a razão desse terremoto no movimento comunista. Por outro lado, não poderíamos deixar de explicitar que isso foi vivenciado de maneiras muito diversas, sendo mais preciso não falar em abalo, mas em abalos.

PROTESTO RUSSO JUNTO AO GOVERNO URUGUAIO

MONTEVIDÉU, 9 (F.P.) – A embaixada da URSS protestou junto ao Governo do Uruguai pelo assalto ao consulado geral soviético, por um grupo de 300 pessoas. O estrago causado ao edifício além de móveis e objetos de arte é superior a 15.000 dólares.

Fonte: *O Globo*, 9 de novembro de 1956.

IMPACTO DO LEVANTE HÚNGARO NO BRASIL

Em 1956, vivia-se o pleno governo de Juscelino Kubitcheck, com a industrialização acelerada e o "clima de otimismo" e de crença no desenvolvimento, que contagiou tanto setores da "direita" quanto da "esquerda". A esquerda se dividiu entre reformistas[7] e revolucionários,[8] pois setores da esquerda influenciados pelo pensamento da Cepal (Comissão Econômica para a América Latina das Nações Unidas) consideravam que era necessário desenvolver primeiramente o capitalismo sob a direção da burguesia nacional. Dentro desse contexto, vemos algumas fortes repercussões do levante húngaro.

OS IMPACTOS NO MARXISMO BRASILEIRO

O PCB empenhou-se, em seus primeiros anos, na tentativa de formular a Revolução Brasileira. Se limitarmos o marxismo ao pensamento de Marx, não podemos falar em marxismo no Brasil nessa época, porém, segundo Cláudio H. M. Batalha, "os socialistas brasileiros que atuaram na última década do século XIX e nos primeiros anos deste século podem não ser considerados marxistas pelos critérios de hoje, mas seriam classificados como tais pelos critérios de seu tempo." (1995, p. 11). O PCB passou por diversas transformações ao longo de sua história. Há, em sua trajetória, momentos de maior abertura e momentos de maior fechamento quanto à política de alianças do partido e em relação aos métodos para se "construir o socialismo".

A década de 1920 no Brasil foi muito agitada e, particularmente, o ano de 1922, em que assistimos ao levante dos 18 do Forte de Copacabana e a Semana de Arte Moderna em São Paulo. O Partido Comunista Brasileiro foi fundado em 25 de março de 1922 com 73 militantes, segundo dados fornecidos pelo próprio partido. Nos seus primeiros anos, o PCB dedicou-se à formulação teórica da Revolução Brasileira, traduzindo e divulgando o *Manifesto Comunista* e realizando, além do Congresso de fundação, outros dois em 1925 e outro entre dezembro de 1928 e janeiro de 1929. Nesse período, foi lançado o jornal *A Classe Operária*. Retomando o relato de Hobsbawn, vemos que foi uma motivação semelhante, a da "revolução mundial", que influiu na criação do PCB em 1922, apesar da diferença de quase dez anos entre a fundação do PCB e a entrada de Hobsbawn no comunismo. Isso fica claro nesta passagem de um dos fundadores do PCB, Astrojildo Pereira:[9] "[...] tomamos sobre os ombros o compromisso de uma imensa tarefa: desfraldar e sustentar, nesta parte da América, a bandeira vermelha da revolução mundial". (Del Roio, 2000, p. 71).

A partir de reuniões da direção do partido em 1927, Octávio Brandão[10] procurava persuadir seus camaradas de que, naquele momento, seria importante para o movimento comunista a aliança com outros setores, o que poderia incluir a pequena burguesia, identificada então com os tenentistas, oficiais de baixa patente, em sua maioria tenentes, que defendiam o fim do governo oligárquico da chamada República Velha (1889-1930). Partidário dessa corrente, Astrojildo Pereira foi encontrar-se na Bolívia com Luís Carlos Prestes, em nome do PCB no final de 1927. Luís Carlos Prestes liderou a chamada Coluna Prestes, surgida do encontro em Foz do Iguaçu em 1924 de jovens oficiais militares que se rebelaram no Rio Grande do Sul sob a liderança de Prestes e em São Paulo sob a liderança de Isidoro Dias Lopes e para lá fugiram. A Coluna marchou pelo interior do Brasil cerca de 25 mil km a pé, não perdendo um único combate, porém, sem ter força para entrar nas cidades e tomar o poder, o que fez com que ela se dissolvesse na Bolívia, em Santa Cruz de la Sierra em 1927. O III Congresso do PCB iniciou uma contestação à orientação de Pereira e Brandão no sentido da formação de uma frente ampla de libertação nacional, pois o VI Congresso Mundial da Internacional Comunista (IC)[11] colocou o imperialismo como o inimigo máximo de todos os povos. A partir de meados de 1929, a posição de Pereira e Brandão foi rejeitada também pelo Secretariado Sul-Americano da IC, que em 1930 reconheceu o PCB.

Paralelamente a isso, Luís Carlos Prestes, que se encontrava na Argentina desde 1928, mantinha-se favorável à idéia de uma frente única para derrubar o regime oligárquico, sendo partidário de uma união com a Aliança Liberal (chapa de sucessão presidencial encabeçada por Getúlio Vargas). Em 1930, Prestes lança o chamado *Manifesto de maio,* documento que lhe custou grande oposição dentro do PCB. Colocava-se ali de acordo com a resolução da IC que via no imperialismo o grande inimigo a ser combatido. Porém, para ele, o regime oligárquico precisava ser primeiramente derrubado, para depois se passar a uma aliança com os segmentos antiimperialistas que estivessem dispostos a derrubar a grande propriedade rural. A situação política do país, assim como a cisão criada nos movimentos egressos do tenentismo, com Eduardo Gomes e Juarez Távora assumindo posturas mais conservadoras, ao mesmo tempo em que Prestes se aproximava do comunismo, fizeram-no cair no isolamento, obrigando-o a se exilar na União Soviética.

Com o abalo provocado pela crise de 1929 (a chamada "Grande Depressão") parecia aos comunistas estar aberto o caminho para a revolução socialista. Porém, a social-democracia[12] apontava para a necessidade de reformas, sem que isso implicasse uma ruptura com o sistema capitalista. Evidentemente, tal fato não era visto com bons olhos pelos comunistas, que começaram, pejorativamente, a chamar a social-democracia de "social-fascismo". No Brasil, o "prestismo", como ficou conhecida a corrente política de Prestes após o *Manifesto de maio,* foi considerado uma versão do social-fascismo, pois defendia ali uma aliança com setores que os comunistas consideravam conservadores, o que dava, na visão dos comunistas, um aspecto reformista a essa posição.

Exilado na URSS e decidido a entrar no PCB, Prestes continuava no início dos anos 1930 a enfrentar oposição no partido. Essa resistência, conforme nos relata Marcos Del Roio, "fez-se recuperando posturas marcadamente associadas ao anarco-sindicalismo, como a referida ojeriza à reflexão teórica, a valorização extremada do operário e o preconceito anti-militar" (2000, p. 82). Entretanto, ainda no início dos anos 1930, partidários de Prestes começaram a predominar na direção do partido. Ao mesmo tempo, Prestes havia solicitado sua filiação ao PCB. Sob influência do Secretariado Sul-Americano da Internacional Comunista (SSA da IC), ganhou força a visão de que no Brasil a revolução não seguiria os mesmos passos que na Europa, e isso facilitou a aceitação de Prestes pelos comunistas brasileiros, culminando com a IC impondo ao PCB a aceitação de Prestes no partido. Nesse contexto, formou-se a Aliança Nacional Libertadora (ANL), que se pautava na idéia de uma aliança entre o operariado e a pequena burguesia urbana. Em 1935, depois de ser posta na ilegalidade, a ANL procurou iniciar uma revolução armada sem sucesso, que ficou conhecida na época pejorativamente como Intentona Comunista. Segundo o *Dicionário Houaiss*, intentona significa: 1) cometimento temerário, plano insensato; 2) ataque imprevisto; 3) conspiração para revolta ou motim, especialmente se frustrados.

Com o fracasso do levante comunista em 1935, ganhou mais força no partido a idéia de ampliação do leque de alianças. Armênio Guedes, em entrevista a nós concedida, declarou:

> [...] percebia-se a importância da transformação social sem uma ruptura geral com o capitalismo, embora a formação das Frentes Populares (frentes antifascistas democráticas que incluiriam não-comunistas e até mesmo setores da burguesia) fosse já uma tentativa de se buscar um caminho alternativo à insurreição armada e, assim, conquistar o socialismo. Era uma forma de política de alianças que nos levavam a um ponto mais favorável de ruptura com o capitalismo. (Entrevista realizada em 11 de agosto de 2005.)

Nessa época, mesmo após ter sido preso em função do levante de 1935, Prestes já havia se tornado o dirigente supremo do PCB. Porém, com a perseguição aos comunistas durante o Estado Novo, estes estavam bastante desagregados, sendo que os encontros eram muito difíceis. Mesmo com essas dificuldades, o PCB solidarizou-se com a República Espanhola e também enviou combatentes às Brigadas Internacionais, que foram forças militares voluntárias constituídas em sua maioria por comunistas para combater na Guerra Civil Espanhola (1936-1939) ao lado dos republicanos. Todavia, com a eclosão da Segunda Guerra Mundial e a entrada da URSS no conflito contra o Eixo, devido ao desrespeito de Hitler ao Pacto Nazi-Soviético, pelo qual Alemanha e URSS não se agrediriam mutuamente, a reorganização dos comunistas brasileiros foi facilitada. A entrada do Brasil na guerra dividiu os comunistas, pois havia uma corrente que considerava ser necessário acabar com o Estado Novo para que houvesse democracia no Brasil e outra que considerava que o fato de se entrar em uma guerra contra o nazi-fascismo já se encarregaria de trazer um processo de democratização interna. Em 1943, os comunistas brasileiros, que estavam se reorganizando, realizaram uma Conferência Nacional, denominada Conferência da Mantiqueira, considerada uma refundação do partido, na qual prevaleceu a segunda corrente.

Cabe lembrar que foi em meio a esse contexto que se elaborou o primeiro ensaio marxista de interpretação do Brasil, que surge com Caio Prado Júnior. O referido autor participou do curso de História e Geografia da recém-fundada Universidade de São Paulo, tomando contato com Fernand Braudel, Pierre Monbeig e Pierre Deffontaines. Foi vice-presidente da seção paulista da ANL, sendo preso em 1935. Em 1937, exilou-se na França, onde começou a escrever o ensaio ao qual aludimos: *Formação do Brasil contemporâneo*, publicado em 1942.

Com o fim da Segunda Guerra Mundial, o PCB passou por um breve período de legalidade de 1946 a 1947. Nas eleições que ocorreram com o fim do Estado Novo, o PCB teve uma votação expressiva nos âmbitos Federal, Estadual e Municipal, com Prestes se elegendo senador. Em 1947, o partido contava com 200 mil filiados, segundo dados do PCB e afirmação de Armênio Guedes (entrevista realizada em 11 de agosto de 2005). Nesse mesmo ano, foi posto na ilegalidade. Se levarmos em conta o tamanho da população brasileira em 1947 e a parcela que participava das eleições, ter 200 mil filiados nessa época era ser um partido gigantesco. Não é de se admirar, portanto, que estando o Brasil no chamado bloco capitalista, assistíssemos a atos como a cassação do registro do PCB. Não era irreal a possibilidade de um partido com esse tamanho na época em questão chegar ao poder.

VISÕES E REPERCUSSÕES   117

Em função da ilegalidade, o partido mudou novamente sua linha, adotando uma posição mais sectária. Seus dirigentes apontavam para a criação de uma Frente de Libertação Nacional, composta pelas forças comunistas, com o objetivo de tomar o poder onde fosse possível como solução para o problema. Em 1948, no *Manifesto de janeiro*, Prestes fez um balanço autocrítico do período de legalidade e, em 1950, lançou outro manifesto contrário à luta institucional chamando o povo para boicotar as eleições e pegar em armas para fazer a revolução. Nesse período, o PCB afastou-se inclusive dos sindicatos. Isso tudo foi ratificado no IV Congresso do Partido Comunista Brasileiro em 1954. Esse congresso foi realizado na clandestinidade, pois foram expedidos diversos mandados de prisão preventiva para dirigentes do PCB. Nesse período, nos relata Armênio Guedes:

> Nós chegamos a nos afastar dos sindicatos, pois achávamos que eles eram manobrados pelo governo. O partido se afastou da organização sindical oficial do Ministério do Trabalho e passou a organizar associações de trabalhadores. E, evidentemente, isso não deu em nada. (Entrevista realizada em 11 de agosto de 2005.)

Em 1950, a orientação do partido foi de boicote às eleições. Com o suicídio de Vargas e a crise política instaurada, o PCB apoiou a candidatura de Juscelino Kubitcheck para presidente e a de João Goulart para vice-presidente, contra Juarez Távora, candidato da UDN, que fora integrante da Coluna Prestes nos anos 1920.

É nesse cenário que o PCB recebe as notícias do XX Congresso do PCUS e do levante húngaro. Segundo depoimento de Jacob Gorender (entrevista realizada em 30 de agosto de 2005), foi enviada à União Soviética uma delegação brasileira composta por Diógenes Arruda,[13] Mário Alves[14] e Maurício Grabóis.[15] Foi no Congresso que Nikita Khrushchev divulgou o famoso relatório que deveria ser confidencial no qual Stalin era acusado de inúmeras mortes e arbitrariedades. Foi a denúncia do "culto à personalidade". Segundo Gorender, não se sabe como, mas o relatório acabou vazando. O *The New York Times* publicou o relatório na íntegra, traduzido para o inglês. Pouco depois, O *Estado de S. Paulo* publicou uma tradução para o português, gerando enorme perplexidade entre os comunistas brasileiros, que de início o tiveram como falso. Porém, com a volta da delegação brasileira, a veracidade do relatório foi confirmada. Quando isso aconteceu, o partido se reuniu em fins de agosto de 1956 para discutir a situação, sendo, a partir de outubro, aberto na imprensa partidária um amplo debate, contrariamente à orientação do partido.

Em meio a esse ambiente de consternação causado pelas denúncias de Khrushchev, eclode a revolta na Hungria contra o jugo soviético e com a condução de Imre Nagy ao poder. O PCB advogou a tese de que o que acontecia na Hungria era um levante fascista contra-revolucionário.

Vemos, então, que as notícias sobre a revolta na Hungria e sobre a intervenção soviética vieram a aprofundar ainda mais a convulsão interna pela qual o PCB estava passando desde a divulgação do relatório de Nikita Khrushchev. Segundo Armênio Guedes, com a eclosão do levante na Hungria, o partido dividiu-se em "abridistas" e "fechadistas". Os abridistas eram aqueles que, diante da crise pela qual o movimento comunista internacional estava passando, defendiam que o partido deveria abandonar a linha sectária e democratizar-se internamente. Os fechadistas eram aqueles que com Luís Carlos Prestes defendiam que o partido mantivesse a mesma linha de antes desses acontecimentos. O levante húngaro fez com que alguns membros, principalmente intelectuais, deixassem o partido. Foi o caso de Horácio Macedo, que chegou a ser reitor da UFRJ, e do conhecido romancista baiano Jorge Amado, que chegou a escrever um artigo intitulado "Mar de Lama", no qual condena a invasão da Hungria.

Toda essa agitação instaurou um enorme debate no interior do PCB, com artigos de diversas correntes sendo publicados pela imprensa partidária. Nesse ponto, a discussão já havia fugido ao controle da direção partidária, que não teve outra saída a não ser iniciar um balanço autocrítico. Por essa época, diversos dirigentes, entre eles, Armênio Guedes, Jacob Gorender, Mário Alves e Alberto Passos Guimarães iniciaram reuniões nas quais eram discutidos exaustivamente temas relacionados à conjuntura internacional da época e à situação do Brasil e da União Soviética. Disso surgiu um documento, aprovado pelo PCB com o apoio de Prestes, que entrou para a história do partido como *Declaração de março de 1958*, pela qual o PCB mudou sua linha política, abandonando o sectarismo. Essa declaração ressuscitava a idéia de uma aliança com a burguesia nacional, considerada então uma força revolucionária para o contexto brasileiro. Essa declaração foi amplamente divulgada e os mandados de prisão preventiva de dirigentes do PCB foram revogados, sendo que todos, inclusive Prestes, puderam sair da clandestinidade. Marcos Del Roio considera que a crise de 1956 provocou uma "renovação criativa" da esquerda brasileira, cujo resultado foi uma "inserção muito maior, não só do PCB, na luta política em curso, como também a difusão do marxismo e uma melhor compreensão da realidade brasileira" (2000, p. 85). Em 1958, um grupo de estudantes da então

Faculdade de Filosofia, Ciências e Letras (FFCL) da USP passou a reunir-se em São Paulo para discutir *O capital*, nos chamados *Seminários de Marx*. Participaram dessas discussões Fernando Henrique Cardoso, Fernando Antônio Novaes, Roberto Schwarz, entre outros.

Porém, 1956 teve, para o movimento comunista no Brasil, conseqüências posteriores. Em 1962, setores do Partido Comunista Brasileiro, alegando que o partido havia abandonado sua luta pela revolução socialista e adotado uma linha reformista, se desligaram do grupo. Destes nasceu um novo partido, o Partido Comunista do Brasil, que adotou a sigla PCdoB. Em julho de 1963, o jornal *Pravda* publicou uma Carta Aberta de Nikita Khrushchev, na qual o PC da China era acusado de causar cisões no movimento comunista internacional, inclusive a que houve no Brasil. Na *Resposta a Krushchev* do PCdoB, os episódios de 1956 são relembrados:

> Em que se apóia o Comitê Central do PCUS para fazer tal acusação? A direção desse partido conhece muito bem os acontecimentos ocorridos no movimento comunista em nosso país a partir de 1956, e que culminaram com o surgimento de dois partidos: o PARTIDO COMUNISTA DO BRASIL [grifo do artigo] e o Partido Comunista Brasileiro". (*A Classe Operária*, 15 de agosto de 1963).

Ou seja, a crise que o ano de 1956 gerou no comunismo brasileiro fez que seus efeitos fossem sentidos mesmo anos depois. Em 1966, Carlos Marighella contestou a linha política do PCB de aliança com a burguesia. Rompeu com o partido em 1967, fundando a Aliança Libertadora Nacional, a ALN, que tinha por objetivo, derrubar, por meio da luta armada, o regime instaurado no Brasil em 1964. Em 1968, Jacob Gorender e outros dirigentes do PCB romperam com o partido e fundaram o Partido Comunista Brasileiro Revolucionário, o PCBR.

As repercussões do levante húngaro não afetaram apenas o PCB. O debate marxista brasileiro dessa época conheceu três espaços privilegiados: o PCB, a USP e o ISEB. Caio Navarro de Toledo traz à luz alguns momentos importantes da constituição do ISEB. Em 1953, um grupo de intelectuais cariocas procurou convencer o governo da necessidade de uma instituição que o auxiliasse na formulação de políticas públicas, essenciais para o moderno Estado capitalista. No mesmo ano, foi criado o IBESP, Instituto Brasileiro de Economia, Sociologia e Política. Conta Toledo que o IBESP tinha problemas como um estatuto mal definido e, intelectualmente, estava limitado à edição da revista *Cadernos do Nosso Tempo*. Muitos membros do instituto reivindicavam uma instituição de maior alcance, levando, em 1955, o presidente Café Filho a assinar o decreto de criação do Instituto Superior de Estudos Brasileiros, o ISEB, subordinado ao Ministério da Educação e Cultura.

Nos anos 1960, o ISEB não apoiou o governo de Jânio Quadros, identificado pela esquerda brasileira como representante das forças "golpistas", uma vez que o presidente saiu candidato pela União Democrática Nacional (UDN), que reunia em suas lideranças notórios golpistas como Carlos Lacerda. No entanto, o ISEB apoiou o movimento pela posse de João Goulart (Jango), a campanha pelo restabelecimento do presidencialismo e o programa de governo de Jango, das chamadas Reformas de Base. Em virtude disso, quando Goulart foi deposto em abril de 1964, uma das primeiras medidas tomadas pelos militares foi a extinção do ISEB, considerado então uma instituição subversiva.

O ISEB vivenciou em seus quadros uma grande diversidade de correntes e opiniões, sendo extremamente complicado falar em uma unidade do pensamento isebiano. Porém, Toledo destaca que havia algo comum a todos: "forjar uma ideologia que impulsionasse o desenvolvimento" (1998, p. 245).

Hélio Jaguaribe considerava que o desenvolvimento deveria ser dirigido pela burguesia nacional. Segundo Jaguaribe, "o nacionalismo desenvolvimentista seria a via mais adequada para a realização de um capitalismo autóctone na periferia ocidental" (apud Toledo, 1998, pp. 247-8). Jaguaribe também defendia a hegemonia da burguesia na definição da ideologia nacional-desenvolvimentista. Guerreiro Ramos também concordava com a hegemonia da burguesia. Álvaro Vieira Pinto, por seu turno, defendia a preponderância das massas trabalhadoras no processo do desenvolvimento. Vieira Pinto aproxima-se do PCB, pois diz que o desenvolvimento consolidará uma nova contradição na sociedade, com o antagonismo de classes inerente ao capitalismo, podendo-se aqui reconhecer uma visão próxima dos marxistas. Mesmo entre Hélio Jaguaribe e Guerreiro Ramos havia diferenças marcantes. Jaguaribe defendia uma política enérgica contra o comunismo no Brasil. De acordo com ele, o Estado democrático (em nome da segurança nacional e do desenvolvimento) teria plena legitimidade para impor uma "severa repressão à agitação comunista" – que, nos anos 1950, tinha como principais e conhecidos "agentes" os militantes do PCB (apud Toledo, 1998, p. 250). Já Alberto Guerreiro Ramos, que também defendia uma hegemonia burguesa, não tinha a mesma postura de Jaguaribe. Com todas as divergências que possuía em relação ao PCB, jamais propôs uma "vigilância severa" contra o comunismo no Brasil. Em sua óptica, a veneração do PCB em relação a Moscou o impedia de representar legitimamente a classe trabalhadora nacional.

Em 1973, Francisco de Oliveira publica *Crítica à razão dualista,* em que critica o pensamento da Cepal, órgão influenciador do pensamento do ISEB. Em 1976, Maria Sylvia de Carvalho Franco, egressa do grupo reunido em torno da Cadeira de Sociologia I, publica *Tempo das ilusões,* em que, fazendo um apanhado de praticamente todos os autores do ISEB, mostra o caráter ideológico de cada um. A Cadeira de Sociologia I da então FFCL da USP era na época regida por Florestan Fernandes, que foi um dos maiores opositores das idéias isebianas. Algumas idéias de Nelson Werneck Sodré, autor ligado ao ISEB, foram também alvo de críticas por parte da intelectualidade uspiana. Também não podemos nos esquecer que o termo "escola paulista de sociologia" surgiu pejorativamente para designar o grupo reunido em torno da Cadeira de Sociologia I.

No final dos anos 1950 e início dos 1960 tiveram início os já apontados seminários de Marx. Desses seminários saíram obras como *Portugal e Brasil na crise do antigo sistema colonial,* de Fernando Antônio Novais, que terminou por consagrar na USP a leitura de que não houve feudalismo no Brasil. Um autor que teve grande importância nesses seminários foi György Lukács, teórico literário nomeado Ministro da Educação da Hungria por Imre Nagy quando assumiu o governo em função do levante de 1956. O fato de ter aceito participar do governo de Nagy fez que no Brasil fosse criticado por alguns e elogiado por outros.

Fernando Henrique Cardoso, no prefácio à 5ª edição de *Capitalismo e escravidão no Brasil Meridional,* recorda da apreensão de Florestan Fernandes em relação à leitura de Lukács nos Seminários de Marx, pois considerava sua obra bastante abstrata e conceitual e temia que isso distorcesse análises empíricas. No entanto, Cardoso lembra: "Na época, entretanto, tanto Lukács como Sartre foram o oásis que nos permitiu escapar do marxismo vulgar cujo mecanismo nos assustava" (2003, p. 11).

Já no prefácio à 2ª edição em 1977, Cardoso atenta para as diferenças entre as leituras de Marx na academia e na militância e, novamente, destaca a importância que teve Lukács nos Seminários de Marx.

> Por certo, entre os historiadores e entre os militantes políticos – nestes como crença – a discussão destas questões [do marxismo] colocava-se de outro modo. Mas nós éramos ou quiséramos ser cientistas sociais. Havíamos recebido um treinamento em técnicas de estatística e de investigação de campo. [...] Não podíamos contentar-nos, portanto, com a aceitação de um marxismo ritual e indolente que escondia em conceitos muito gerais e filosofantes a pobreza de espírito analítico ou a ignorância dos caminhos sem graça necessários à pesquisa. [...] Não aceitávamos, por um lado,

o bê-a-bá do stalinismo teórico [...]. Quando Sartre publicou as *Questions de Méthode* e em 1960 saiu a edição francesa de *Histoire et Conscience de Classe* de Lukács, vislumbramos alguma saída para os nossos impasses. (2003, p. 17)

A NOMEAÇÃO DE LUKÁCS

Uma outra personalidade marcante do novo gabinete é o sr. Ferene Muennich, amigo de Rajk, ex-comandante da Brigada Internacional na Espanha e ex-embaixador em Moscou, e que desempenhou um importante papel na campanha que culminou com a queda de Mathias Rakosi.

Ao convidar o célebre filósofo marxista Georgy Lukács para assumir as funções de ministro da Educação Nacional, o sr. Imre Nagy deu satisfação a um amplo grupo de intelectuais aos olhos dos quais Lukács representa a variante mais liberal, mais suave, e também a mais ocidental da ideologia comunista. Ainda recentemente, o sr. George Lukács se solidarizou inteiramente com o escritor comunista Tibor Dery e com os seus amigos, expulsos do Partido por haverem reclamado durante reuniões do chamado "Círculo Petoefi", com particular insistência, a democratização e a nacionalização do regime.

Fonte: *O Estado de S. Paulo,* 28 de outubro de 1956.

Alberto Guerreiro Ramos, autor ligado ao ISEB, não era antimarxista, pelo contrário, reconhecia grande mérito na obra de Marx, declarando-se um pós-marxista, além de ter admiração por Lukács. Jacob Gorender, em *Correntes sociológicas no Brasil,* critica várias posições de Guerreiro Ramos, embora também faça elogios. Gorender concorda com Guerreiro Ramos quando esse questiona a aplicação pura e simples de teorias estrangeiras à realidade brasileira, pois essas teorias foram gestadas em realidades completamente diferentes, porém, critica muitos dos pressupostos filosóficos de Guerreiro Ramos, afirmando que esse se apóia em um "péssimo suporte filosófico" (1996, p. 213). Em sua resposta, também dada no prefácio à 2ª edição, Guerreiro Ramos contra-ataca fazendo duras críticas ao marxismo-leninismo e à militância do PCB, em sua opinião, a má companhia com a qual Gorender andava. "A militância nos quadros do PC empobrece o horizonte do intelectual" (1996, p. 29). Segundo Guerreiro Ramos:

Só depois que se libertam da "servidão intelectual' que lhes impõem o marxismo-leninismo, os militantes de partidos comunistas de efetiva vocação teórica, como Lukács e Gorender, atingem a plenitude das possibilidades criadoras. A história contemporânea o comprova. Aí estão, para demonstrá-lo, as retificações políticas que faz a si mesmo o hoje ex-membro do PC francês Henri Lefébvre, em *La Somme et le reste*. Alimentamos a esperança de que o sr. Gorender, seguindo o exemplo de Lefébvre e outros, se desligue do PCB, e, assim, a cultura brasileira o ganhe, com a íntegra capacidade normal, isenta da estreiteza que a limita e a dissipa. (1996, p. 29).

A tomada de posição por parte de Lukács, que ficou do lado dos insurretos, deu-se em um momento em que a crise gerada em 1956 trazia à ordem do dia a questão da democracia nas chamadas repúblicas populares e no interior dos próprios PCs, pois o regime sob o qual viviam contrastavam em alguma medida com o almejado paraíso proletário. Evidentemente, pela efervescência daquele momento, várias críticas foram dirigidas a Lukács. Em 1959, a revista *Problemas da paz e do socialismo* publicou um artigo de Bela Fogarasi, no qual Lukács é duramente criticado. Segundo Fogarasi:

O papel desempenhado por Lukács nos acontecimentos de outubro de 1956 na Hungria e a apreciação destes acontecimentos por ele, qualificando de "revolução popular" a contra-revolução húngara, puseram a nu o caráter anti-marxista e anti-comunista de sua posição política. Isso exige que analisemos a obra de Lukács em conexão com sua orientação política. [...] Houve época em que Lukács conseguiu fazer ver que se havia aproximado do marxismo-leninismo, mas já faz muitos anos que se afastou dele, em política e em filosofia, orientando-se para o revisionismo.[16] (1959, p. 60).

Fogarasi finaliza o artigo com essas palavras: "Mas, o revisionismo, como o confirmam muitos exemplos, conduz ao campo dos inimigos da classe operária" (1959, p. 68).

No mesmo ano, a revista *Estudos Sociais* publicou o prefácio de "A destruição da razão", sendo o primeiro texto de Lukács traduzido para o português. Além desse texto, veio publicado no mesmo volume um outro escrito pelo então Ministro da Cultura da Hungria, Jószef Szigeti, no qual faz as mesmas críticas de Fogarasi no sentido de relacionar sua obra com sua posição política. Celso Frederico considera que mesmo sendo objetivo dessa revista renovar o marxismo, "os tempos ainda não eram totalmente favoráveis a maiores ousadias" (1995, p. 85). Em fevereiro de 1964, no último volume dessa revista foi publicado um artigo de Lukács intitulado "Carta sobre *o* stalinismo". Dentro do próprio comunismo brasileiro, intelectuais ligados a organizações trotskistas foram mais receptivos à obra de Lukács, apesar de ele fazer críticas também às idéias de Trotski. Nesse texto, diz Lukács:

Mas a exigência do nosso tempo é que o socialismo se liberte das cadeias e dos métodos stalinianos. Quando Stálin pertencer integralmente à História e ao passado e não for como ainda é hoje, o principal obstáculo para uma evolução futura, então será possível, sem maior dificuldade, formular sobre ele um julgamento justo. Pessoalmente, tenho procurado contribuir para esta avaliação histórica equânime. Porém e exigência dela não deve estorvar o trabalho da reforma, que agora é tão importante. (1964, p. 304).

Em 1960, Nelson Werneck Sodré fez referências a Lukács no prefácio de seu livro *História da literatura brasileira*. Sodré acabou incorporando muitas idéias Lukácsianas, dando a Lukács uma posição privilegiada nos estudos literários feitos no Brasil, sendo considerado bibliografia essencial de diversos cursos de teoria literária.

O LEVANTE HÚNGARO NA IMPRENSA

No que diz respeito à imprensa brasileira, tanto a grande imprensa conservadora como a imprensa de esquerda se diziam solidárias ao povo húngaro e defensoras da liberdade e da democracia. Porém, *A Voz Operária*, órgão oficial de imprensa do PCB, tratou os insurretos de 1956 como fascistas contra-revolucionários ao passo que János Kádár e os soviéticos representavam o povo húngaro, sedento de liberdade. Já a grande imprensa tratou os soviéticos como agressores e os insurretos como heróis de sua pátria que lutavam contra a opressão estrangeira.

O LEVANTE HÚNGARO NA IMPRENSA COMUNISTA

O XX Congresso do PCUS causou uma grande onda de autocrítica em todo o movimento comunista internacional. *A Voz Operária* de 20 de outubro de 1956 é um reflexo do que ocorria, trazendo duas reportagens emblemáticas: a primeira intitulava-se "Centenas de reabilitações na Polônia e na Hungria"; a segunda era um "Projeto de resolução do Comitê Central do PCB". A primeira alude para a "luta pela restauração plena da legalidade socialista". Mesmo antes de iniciar-se o levante sob impacto do XX Congresso, Bela Kun foi reabilitado. Além de Bela Kun,

> Centenas de pessoas, em sua maioria, militantes ou dirigentes comunistas, bem como ex-membros do governo e das forças armadas, já foram reabilitadas no curso da revisão dos processos judiciários, que atualmente se faz na Hungria e na Polônia. Muitos entre os reabilitados foram executados sob a falsa acusação de "inimigos do povo". Os demais estão sendo postos em liberdade: encontravam-se condenados à prisão, sob acusação de espionagem, sabotagem, diversionismo, traição, ligação com serviços secretos estrangeiros, etc. [...] Imre Nagy, ex-primeiro ministro e membro destacado do Partido dos Trabalhadores Húngaros, foi reintegrado no

Partido, do qual fora expulso, após ter sido destituído do governo, sob falsas acusações em fins do ano passado por insistência de Matias Rakosi. (*A Voz Operária*, 20 de outubro de 1956)

A segunda publicação trazida nesse dia é um excelente retrato da repercussão do xx Congresso do PCUS no Brasil. Nessa, o PCB convoca seus militantes a participarem dos debates do Comitê Central (C.C.), no qual seria aprovada uma resolução sobre o Congresso.

> A demora de quase oito meses na abertura da discussão desses problemas é injustificável. A delegação de nosso Partido, que assistiu como convidada, ao xx Congresso do PCUS, errou ao retardar demasiadamente sua volta ao Brasil. O Presidium do C.C. do PCB também cometeu o erro de não convocar o Pleno do C.C. Além disso, grande número de membros do C.C. esteve várias vezes reunido e não exigiu a convocação do Pleno do C.C. Em junho último, na v Conferência Nacional do Partido, o C.C. não aproveitou o ensejo para levantar tais problemas. [...] A revelação dos graves erros cometidos na URSS, em conseqüência do culto à personalidade de Stálin despertou-nos para a necessidade de democratizar a vida de nosso Partido. (*A Voz Operária*, 20 de outubro de 1956).

Sentimos com isso que esse movimento de revisão foi sem dúvida nenhuma propiciado pelo terremoto que o xx Congresso do PCUS provocou no movimento comunista internacional. No entanto, o início do levante húngaro veio a favorecer a manifestação dos setores mais sectários, até então, silenciados devido à divulgação do relatório de Khrushchev. Exatamente uma semana depois, *A Voz Operária* traz a sua primeira notícia do levante húngaro: "Ataque contra-revolucionário esmagado na Hungria". Interessante notar também o pequeno espaço dedicado pelo jornal do PCB a esse acontecimento, que estava ganhando grande espaço na grande imprensa. Essa notícia diz:

> O governo húngaro adotou medidas de emergência. O antigo premier Nagy voltou à presidência do Conselho de Ministros. Foi decretada a lei marcial. Segundo as informações da rádio de Budapeste, o governo solicitou nos termos do Tratado de Varsóvia, a ajuda das tropas soviéticas para enfrentar a tentativa de contra-revolução, esmagando após um dia e meio de choques os grupos rebelados. (*A Voz Operária*, 27 de outubro de 1956).

Gerou-se uma situação em que começaram a ficar claras as divergências entre "abridistas" e "fechadistas". *A Voz Operária* de 24 e novembro de 1956 reflete bem o que ocorria naquele momento. Essa edição trazia uma "Declaração do Governo da URSS sobre as bases do desenvolvimento e

126 HUNGRIA 1956

posterior fortalecimento da amizade e cooperação entre a União Soviética e demais estados socialistas", uma "Resolução sobre a situação da Hungria" do Comitê Central do PCB (ver Anexo 2), uma carta de Luís Carlos Prestes sobre o debate político daquele momento, na qual critica a maneira como estava se processando a autocrítica por meio da imprensa partidária, e um texto de João Batista de Lima e Silva justamente sobre as duas tendências que se verificavam naquele momento no PCB.

A carta de Prestes é emblemática quanto à tendência "fechadista":

> Entusiasta da discussão, convencido como estou de que constituirá um passo importante no processo de desenvolvimento de nosso Partido, sinto-me, no entanto, no dever de manifestar minha estranheza e indignação diante de certas manifestações que vão surgindo no debate pela imprensa. É inadmissível que, a pretexto de livre discussão, jornais feitos com o dinheiro do povo e que sempre – a custa dos maiores sacrifícios – defenderam os interesses do povo, da classe operária e seu Partido de vanguarda, sejam agora utilizados para veicular ataques à União Soviética, para tentar apresentar como equiparáveis os erros cometidos na luta difícil e duríssima pela construção do socialismo com os crimes da burguesia em defesa de seus interesses e privilégios [...]. Como dizia Lenin, "não somos um clube de discussões". No intercâmbio de opiniões, na crítica e autocrítica, nas discussões enfim, não podemos jamais esquecer o sentido profundo desta lição de Lenin [...]. Reafirmando que a unidade em torno do Comitê Central é sagrada para todos os comunistas, transmito aos camaradas meus melhores votos de saúde e êxito no trabalho. (*A Voz Operária*, 27 de outubro de 1956).

Já o artigo de João Batista de Lima e Silva representa a corrente "abridista". Lima e Silva diagnostica duas tendências no partido identificadas a partir das resoluções dos Comitês Regionais (CRs) do Rio de Janeiro e de Piratininga sobre a situação política daquele momento. Segundo o autor, aqueles que desejavam uma renovação do partido, com uma maior democratização, eram rotulados de "intelectuais pequeno-burgueses". O autor rebate isso afirmando que o CR de Piratininga tem maior predomínio do operariado, e, diferentemente do CR do Rio de Janeiro, chamou seus militantes para discutir todos os problemas, inclusive os referentes ao Programa e ao Estatuto do Partido. Segundo o autor:

> Para o CR de Piratininga, a discussão deve ser ampla, livre e democrática, ressalvados apenas os problemas de segurança do aparelho partidário. Já o CR do Rio, embora declare que "decidiu empenhar seus esforços na democratização da vida interna do Partido" pretende conservar, sem arranhões o sistema de normas e métodos do qual resultou o culto à personalidade. [...]) O CR do Rio levanta-se desde logo, contra a publicação de artigos que lhe parecem "artigos contrários ao

internacionalismo proletário e anti-soviéticos, revisionistas, divisionistas e liquidacionistas, artigos visando à desmoralização do Partido e sua direção" [...] Era um dever revolucionário do CR do Rio, para não desorientar os militantes e não fechar a boca dos mais tímidos, dizer que artigos incorram em todos esses pecados mortais. Já foram publicados umas duas centenas. Serão todos? Será a maioria? Ou apenas um número insignificante? [...] Mesmo quando se esteja em desacordo, por exemplo, com a concepção dos comunistas iugoslavos sobre a natureza e o caráter do internacionalismo proletário ou com a posição do Partido Comunista Sueco diante do problema da Hungria não seria lícito, no curso de uma discussão "livre e democrática" proibir – é isto o que pede o CR do Rio – que qualquer militante que os julgue corretos, defenda esse ponto de vista. (*A Voz Operária*, 24 de novembro de 1956).

O levante húngaro ao longo dos meses de novembro e dezembro de 1956 ganhava cada vez mais espaço na grande imprensa, o que dava liberdade para que setores anticomunistas se manifestassem. Seria ilusão pensar que *A Voz Operária* assistiria a isso de forma passiva sem nenhum tipo de resposta. Essa veio no dia 8 de dezembro de 1956 com o título de "Os católicos e as provocações contra a Hungria", na qual o jornal *O Globo* é explicitamente criticado.

Utilizando como cobertura algumas organizações católicas, elementos de incorrigíveis tendências fascistas e mais "O Globo" e a "Rádio Globo" tentaram desencadear uma onda de provocações anticomunistas a propósito dos acontecimentos da Hungria. Procurou-se, assim, explorar os sentimentos religiosos da grande massa católica brasileira para uma verdadeira farsa política que não podia iludir ninguém. [...] Os supostos "amigos do povo húngaro", que agora procuram se acobertar junto aos organismos católicos, não escondem sua satisfação por esses massacres e por essa efusão de sangue praticada pelos grupos contra-revolucionários. [...] É de ver, portanto, que os "terços" e provações dirigidos por "O Globo" e pela "Rádio Globo" em favor dos "mártires" do suposto "terror comunista" na Hungria nada tem haver [sic] com os sentimentos católicos brasileiros, ainda daqueles que, embora se opondo ao comunismo, não toleram o fascismo e seus crimes. (*A Voz Operária*, 8 de dezembro de 1956).

O LEVANTE HÚNGARO NA GRANDE IMPRENSA BRASILEIRA

A grande imprensa brasileira deu ao levante húngaro uma grande repercussão. E isso, conseqüentemente, abriu espaço para que correntes contrárias ao regime do chamado bloco socialista se posicionassem. Em princípio, porém, antes de iniciar-se a revolta na Hungria, a grande imprensa também tratou de fazer a crítica ao movimento comunista em função do relatório de Khrushchev. Em 19 de julho de 1956, *O Estado de S. Paulo*, o primeiro no Brasil a publicar a tradução do relatório do XX Congresso do PCUS, noticiou o afastamento de Mátyás Rákosi da chefia do PC húngaro com a manchete: "Afastado Rákosi da chefia do PC". Isso poderia nos fazer pensar que o tom da reportagem não difere muito de *A Voz Operária* quando tratou das reabilitações na Polônia e na Hungria.

> Reconhecendo seus "graves erros", o líder stalinista demite-se de suas funções de secretário do Partido e membro do Politburo – Ernest Gero é o novo líder. [...] entre outras coisas, Rákosi admitiu sua responsabilidade pela lenta reabilitação dos elementos presos e processados por seu governo, acrescentando que, sob sua direção, nos organismos dirigentes do Partido não se efetuou, com a necessária regularidade, a crítica e a autocrítica. (*O Estado de S. Paulo,* 19 de julho de 1956).

Vemos, no entanto, que a maneira que o referido jornal noticia o início do levante húngaro destoa completamente do modo como o mesmo assunto foi abordado em *A Voz Operária*, inclusive no espaço a ele dedicado. Ao invés de "Ataque contra-revolucionário esmagado na Hungria", sua manchete foi: "Sufoca o exército soviético um levante de operários e estudantes em Budapeste".

No Rio de Janeiro, porém, o jornal *Correio da Manhã* foi mais enfático em sua crítica aos soviéticos. Sua manchete, na primeira página em 27 de outubro de 1956, foi: "Tropas russas implantam o terror em Budapeste".

> Soldados russos abrem fogo contra o povo húngaro. [...] Muitas das baixas ocorridas nesta capital foram causadas por soldados russos que abriram fogo contra civis desarmados. (*Correio da Manhã*, 27 de outubro de 1956).

Logo que Nagy assumiu o poder na Hungria, iniciou negociações com a União Soviética quanto à saída das tropas desse país estacionadas na Hungria, a saída do Pacto de Varsóvia, assim como a neutralidade da Hungria. Esse período não deixou de ter reflexos na imprensa brasileira. *O Globo* de 29 de outubro de 1956 é um exemplo disso. Nesse dia, trouxe implícito o que acreditava-se ser as duas possibilidades da Hungria depois do levante. A primeira seria a de um "socialismo independente", a segunda, a de uma "democracia de tipo ocidental".

> O Comitê Central do Partido Comunista Húngaro reuniu-se hoje em Budapeste e anunciou que apoiava o programa do premier Imre Nagy, não só no que se refere às concessões que esse se mostrara disposto a fazer aos revoltosos, como no que se refere à política de socialismo independente por ele preconizada. [...] Os nacionalistas

VISÕES E REPERCUSSÕES 129

húngaros exigiram, hoje, a retirada imediata das tropas soviéticas e o estabelecimento de "uma democracia de tipo ocidental". (*O Globo*, 29 de outubro de 1956).

É importante ressaltarmos a ênfase dada na segunda possibilidade. No mesmo dia, o jornal trouxe em uma seção que não era de editoriais o depoimento de Lajos Bodroghy, engenheiro húngaro radicado no Brasil, para quem o que se processava era uma luta contra o comunismo. A própria manchete dizia: "A Revolta não é só contra os russos, é contra o próprio regime comunista". No dia seguinte, a principal manchete da primeira página do *Correio da Manhã* era: "Os húngaros estão lutando contra o comunismo" (*Correio da Manhã*, 30 de outubro de 1956).

Por essa época, tudo dava a entender que as tropas soviéticas poderiam sair cedo da Hungria e que a situação tendia a acalmar-se, com grandes mudanças ocorrendo na Hungria. *O Estado de S. Paulo* em 31 de outubro falava a respeito disso. Uma de suas manchetes era: "Anunciada a retirada das forças russas de Budapeste". Esse jornal no mesmo dia trouxe outra manchete dizendo: "Abolido o sistema de partido único". No dia seguinte, já dizia: "Nagy anuncia a vitória dos revolucionários na Hungria".

A colônia húngara no Brasil não deixou de manifestar sua opinião quanto ao que ocorria. Veja-se no quadro a seguir seu manifesto trazido à luz pelo *Correio da Manhã*.

MANIFESTO DA COLÔNIA HÚNGARA

Recebemos dos húngaros radicados no Brasil o seguinte manifesto:

"A Hungria está em chamas! Que a chama vermelha deixe de se espalhar no mundo inteiro!

Cadáveres de milhares de húngaros formam imensa barreira contra as ondas da enchente comunista!

A Hungria levanta-se contra o jugo russo-bolchevista!

O povo de Budapeste, e agora toda a Hungria, está em luta sangrenta. Operários das fábricas, estudantes das escolas estão avançando de mãos vazias, sem temor, ao lado da polícia e do Exército húngaro, contra as metralhadoras, tanques e aviões a jato do único oponente: o exército da Rússia.

Nesta hora decisiva, histórica e heróica, lançamos nosso manifesto ao mundo livre e particularmente ao Brasil, para declarar nossa mais profunda admiração aos heróis

> de Budapeste e toda a Hungria e lançar o nosso mais veemente protesto contra a intervenção indébita da Rússia, pelo seu exército nos assuntos mais íntimos, mais sagrados de uma nação independente, fato reconhecido pelas potências assinantes do Tratado de Paz; nos assuntos de um estado-membro das Nações Unidas.
>
> Aqui deixamos consignados os nossos mais calorosos votos para que, depois de onze anos de sacrifícios, de sofrimentos e de perseguições, livre-se o povo da Hungria e os demais povos subjugados pelas algemas bolchevistas, retornando, finalmente ao seio da grande família dos povos livres.
>
> Por fim, nosso mais extremado apelo a todos os povos ainda hoje dominados, para que continuem a luta sagrada enquanto o ódio e a mentira comunistas continuem subjugando pela força, qualquer nação do mundo!

Em fins de outubro e início de novembro de 1956, diversas notícias sobre a fome dizimando refugiados húngaros circulavam no mundo inteiro. Com isso, organizaram-se no Brasil diversas campanhas de doação de sangue e alimentos aos refugiados. Em 2 de novembro de 1956, *O Estado de S. Paulo* trazia o apelo do cônsul da República Dominicana em Santos, Peter Muranyi, para que fossem encaminhados donativos à Cruz Vermelha Brasileira, que se encarregaria de remetê-los aos refugiados por intermédio da Cruz Vermelha Suíça.

Em meio a tudo isso, contrariando as expectativas de que a situação se acalmaria, János Kádár, então ministro de Imre Nagy, obteve apoio da URSS para formar um novo governo, que solicitou a presença de tropas soviéticas na Hungria, sendo então enviadas para lá novas divisões. Isso causou grande perplexidade, pois era algo que não se esperava. A partir daí, o levante húngaro ganhou ainda mais espaço na imprensa, virou capa de revistas, ficando até o final de 1956 na primeira página dos principais jornais, e havendo diversas reportagens especiais feitas sobre esse episódio não apenas no Brasil, mas no mundo inteiro. Mesmo tendo Kádár assumido o governo no início de novembro de 1956, os combates na Hungria prosseguiram até o final do mês de dezembro daquele ano.

A *Folha da Tarde* em 5 de novembro demonstrou grande surpresa com o ocorrido. Sua manchete era: "Dominada a Hungria pelas tropas russas".

> A notícia não deixa de despertar surpresa diante do fato de que ainda na noite de ontem a rádio de Budapeste anunciara que negociações estavam sendo levadas a efeito entre representantes das forças armadas da URSS e da Hungria. (*Folha da Tarde*, 5 de novembro de 1956).

VISÕES E REPERCUSSÕES   131

O Estado de S. Paulo em 6 de novembro mudou totalmente o tom do que publicara dias antes sobre a situação da Hungria. Nesse dia sua manchete era: "Lutam os húngaros contra as divisões do Exército Russo".

> Janos Kadar constituiu o novo governo e chamou as forças soviéticas – Dispostos os magiares a resistir até a morte – Desesperados apelos lançados ao Ocidente. (*O Estado de S. Paulo*, 6 de novembro de 1956).

A partir daqui, *O Globo* e a revista *Manchete* já começaram a deixar explícitas suas opiniões. Com a manchete "Que Deus socorra a Hungria!", escreveu *O Globo*:

> O GLOBO, com apoio das autoridades eclesiásticas e da Ação Católica Brasileira, mandará oficiar missa em amplo local, em prol dos patriotas magiares tombados na luta contra o comunismo. (*O Globo*, 12 de novembro de 1956).

A revista *Manchete* também foi explícita ao colocar sua opinião.

> Os estudantes foram a alma da insurreição que incendiou a Hungria com a chama de uma palavra sagrada: liberdade. (*Manchete*, 17 de novembro de 1956).

No mês de dezembro de 1956 houve uma grande cobertura da imprensa para o levante húngaro. *O Globo* por essa época não escondia sua opinião. Em 14 de dezembro de 1956 uma de suas principais manchetes era: "Começou a resistência armada dos combatentes da liberdade".

> A rádio de Budapeste anunciou hoje que os patriotas sublevados abriram fogo ontem à noite contra as forças soviéticas nas zonas industriais da Hungria Oriental [...]. A informação constitui um dos raros reconhecimentos por parte dos comunistas de que prossegue a resistência armada dos combatentes da liberdade. Disse a transmissão que "elementos contra-revolucionários, encabeçados por Geza Barany, abriram fogo sobre as unidades soviéticas que procuravam manter a ordem contra as agitações anti-comunistas". (*O Globo*, 14 de dezembro de 1956).

Durante o mês de dezembro de 1956, a revista *O Cruzeiro* enviou como correspondente a Budapeste o repórter David Nasser, que deu uma ampla cobertura aos acontecimentos, resultando grandes reportagens sobre o levante húngaro. Nelas, Nasser narra aquilo que via, como o caso de uma garota que trazia um cartaz pendurado ao pescoço pedindo para que cuidassem dela, pois seu pais haviam voltado para lutar.

Dentre as reportagens que *O Cruzeiro* dedicou ao levante húngaro, merece destaque a cobertura dada ao time de futebol húngaro Honvéd

132   HUNGRIA 1956

(termo húngaro que significa *soldado*). Esse time partiu de Budapeste em 1º de novembro de 1956 com licença concedida pelo governo Nagy de permanecer no exterior até 31 de março de 1957, em uma série de jogos. Quando Kádár assumiu o poder anulou a licença do Honvéd, que ignorou esse fato, e fez inclusive pressão sobre a Fifa, que o considerou um "time proibido". Quando se iniciou o levante e Nagy parecia consolidado no poder, os jogadores do Honvéd destituíram o presidente Madarász e criaram um Conselho Revolucionário para gerir o time. Quando foi feita essa reportagem em fevereiro de 1957, o Honvéd estava no Rio de Janeiro.

Quando, ainda em novembro de 1956, o Honvéd estava em Paris, os jogadores procuraram sem sucesso contatar suas famílias, que foram proibidas de sair com eles da Hungria sob a alegação de que, como o movimento de Nagy havia sido vitorioso, suas famílias viviam em um país livre e, portanto, nada lhes poderia acontecer. Com auxílio do governo francês conseguiram fazer contato, constatando que a situação estava ruim. Com isso, elaborou-se um plano de fuga, no qual cada jogador pagava dois mil dólares por cada pessoa retirada da Hungria. Tentou-se de início uma fuga coletiva das esposas dos jogadores, que foi interceptada pelo Exército soviético. Com isso, as fugas foram ocorrendo em caráter individual.

Após longa temporada na Europa, Emil Oestreicher, chefe da delegação do Honvéd, entrou em negociações com o Consulado Brasileiro em Milão para uma temporada do Honvéd no Brasil, pois encontrara-se em Bruxelas com o vice-ministro dos Esportes de Kádár, que não cobrou a volta dos jogadores, mas perguntou sobre a temporada na América do Sul. Pouco depois, os jornais de Budapeste noticiaram que não ocorreria a temporada sul-americana do Honvéd.

Após contatos com o Flamengo e com o governo brasileiro, levaram 13 dias para haver a confirmação de que o Honvéd jogaria no Brasil, onde jogou contra o Flamengo (jogo que contou inclusive com a presença de Juscelino Kubitcheck), do qual perdeu, e contra o Botafogo, vencendo esse último.

Nessa reportagem sobre o Honvéd, *O Cruzeiro* deixou bem explícita a sua opinião:

> O tempo regulamentar desse jogo esgota-se no dia 31 de março deste ano, quando terminará a licença da excursão com que saíram de Budapeste (o governo comunista reinstaurado já caçou essa licença, mas a equipe recusa-se a obedecer

VISÕES E REPERCUSSÕES   133

a nova ordem). Até aqui, graças à coragem do Flamengo e à solidariedade do Botafogo, o Honvéd vai vencendo este "match", indiferente à sentença da FIFA, que fez dele um time proibido, um time condenado à morte para o futebol. [...] A temporada no Brasil e noutros países da América significa, antes de mais nada, a certeza de um pouco mais de vida para a equipe do Honvéd, contra cujo direito de ser livre se ergueram as leis escritas da FIFA (a Federação Húngara pediu a proibição da temporada e a FIFA atendeu imediatamente. (*O Cruzeiro*, 2 de fevereiro de 1957).

Após a temporada no Brasil, o Honvéd continuou sua turnê e, depois de 31 de março de 1956, muitos de seus jogadores voltaram à Hungria e outros foram para times da chamada Europa Ocidental, como foi o caso de Puskas, que ficou no Real Madrid e foi considerado pela Fifa um dos melhores jogadores do mundo. Porém, contrariando as previsões da época, o time Honvéd existe até os dias de hoje.

Nos dez anos do levante húngaro, em 1966, houve também cobertura por parte da imprensa. Nesse ano também foi publicado o livro de Lenildo Tabosa Pessoa, *A revolução popular* sobre o levante. A revista *A Realidade*, que não existia em 1956, também publicou uma matéria sobre esse episódio.

Outras coisas, dez anos depois da revolta, também se sabem com certeza: o ódio profundo e feroz que cada húngaro tem por Janos Kádár; o desprezo que esse pequeno político ambicioso suscita até em seus camaradas comunistas de outros países; a onda de amargura que tomou todo o mundo livre, quando, em 1958 Imre Nagy talvez mais social-democrata do que comunista, foi mandado à força por juízes húngaros, acusado de "alta traição". (*A Realidade*, n. 7, outubro de 1966).

Em 1986, trinta anos após o levante húngaro e já na chamada era Gorbatchev,[17] houve destaque na grande imprensa brasileira ao aniversário do levante. A *Folha de S.Paulo* dedicou em 23 de outubro de 1986 grande espaço ao assunto. Percebemos, porém, que mesmo com as mudanças que estavam começando com Gorbatchev, as críticas não amenizaram.

Nesta época, em que os dirigentes da União Soviética se mostram empenhados numa ofensiva publicitária destinada a suavizar a imagem do regime e de sua política externa, a comemoração do trigésimo aniversário do levante popular da Hungria serve como lembrete sobre os limites da liberalização em sociedades controladas pelo partido único. (*Folha de S.Paulo*, 23 de outubro de 1986).

HÚNGARIA 1956

> ### HÚNGAROS FAZEM ATO EM SÃO PAULO
>
> A Sociedade Cultural Brasileira-Húngara vai promover no dia 26, em São Paulo, um ato silencioso para comemorar os trinta anos do levante húngaro. O ato será realizado às 11h, junto ao Monumento ao Soldado Constitucionalista de 1932, no Parque do Ibirapuera, zona sul da cidade.
>
> A sociedade, mantida por 28 entidades, associações e instituições religiosas, tem sede à rua Gomes de Carvalho nº 823, na Vila Olímpia, também zona sul da Capital, e promove normalmente atividades beneficentes e culturais. Segundo funcionários da sociedade, há atualmente cerca de 80 mil húngaros vivendo no Brasil.
>
> Fonte: *Folha de S..Paulo,* 23 de outubro de 1986.

Em 1989, sob a influência da política de Gorbatchev, iniciou-se na Hungria um movimento de revisão dos acontecimentos de 1956, movimento esse de autocrítica que lembra aquele que houve em 1956 após o XX Congresso do PCUS. No início desse ano discutia-se a possibilidade de localizar o corpo de Nagy e seus auxiliares, que foram jogados em uma vala comum, assim como a possibilidade de reabilitá-los. Em 9 de março do mesmo ano, a *Folha de S.Paulo* trouxe um texto de Paulo Francis,[18] que trata de algo inédito e mesmo inesperado naquele momento: o reconhecimento por parte da Hungria de que o levante de 1956 fora popular.

> Em dois dias em sucessão, o comunismo soviético desfez dois mitos históricos que todo bom comunista afirmava como verdade legítima sem admitir variantes. Ontem, o governo reconheceu que a insurreição de 1956 foi popular, na intolerabilidade do regime, tão intolerável que o próprio líder, Imre Nagy, resolveu revoltar-se contra o que governava, sendo, posteriormente, enforcado. A versão oficial é de que CIA, Alemanha Ocidental e Otan haviam conspirado para promover esse levante na Hungria, que tanques soviéticos esmagaram com incontáveis mortos e milhares de exilados. (*Folha de São Paulo,* 9 de março de 1989).

O funeral de Nagy, que era ainda tema de discussão no início daquele ano, tornou-se fato no mês de junho, sendo isso noticiado pela *Folha de S.Paulo.* Sua reabilitação, porém, só foi obtida no mês seguinte.

> Mais de 300 mil pessoas saíram ontem às ruas em Budapeste, capital da Hungria, para homenagear Imre Nagy, primeiro-ministro do país e líder das reformas democratizantes de 1956, que foram esmagadas pelas tropas soviéticas. Às 12h30

VISÕES E REPERCUSSÕES   135

locais (7h30 de Brasília), o país foi paralisado por um minuto de silêncio em homenagem ao dirigente. Depois disso, sinos tocaram por todo o país. [...] Na Alemanha Oriental, Romênia, Bulgária e Tchecoslováquia os jornais oficiais não se manifestaram sobre a homenagem. Anteontem, o jornal do PC tcheco "Rude Pravo" qualificou Nagy como "um caráter vacilante e contraditório". (*Folha de S.Paulo*, 17 de junho de 1989).

Em 1996, houve também cobertura dos 40 anos do levante de 1956. A *Folha de S.Paulo* publicou em 23 de outubro daquele ano uma reportagem especial, ressaltando a "ousadia" dos insurretos.

Em outubro de 1956, há 40 anos, a União Soviética não era o que é hoje a sua herdeira, a Rússia, com suas Forças Armadas em estado de quase penúria e desavorada, e governada por um chefe de Estado doente. A URSS era governada por um enérgico primeiro-ministro e chefe do PCUS, Nikita Khrushchev. E seu Exército infundia temor, assim como sua capacidade estratégica, com Khrushchev decidido a superar os EUA em armas atômicas e poder econômico. E a URSS também tinha controle total sobre os países da Europa Oriental. Por isso mesmo causou espanto no Ocidente a ousadia dos estudantes e operários de um país sob o controle de Moscou, a Hungria, que no dia 23 de outubro de 1956 saíram às ruas para exigir mudanças radicais no governo do chefe do PC, Erno Gero. (*Folha de S.Paulo,* 23 de outubro de 1996).

No dia seguinte, o mesmo jornal criticou o desinteresse dos jovens húngaros pelo aniversário do levante, para eles distante, mas fundamental para a história do país.

VISÕES SOBRE O LEVANTE HÚNGARO NO BRASIL

Procuramos neste trabalho verificar por meio de entrevistas com pessoas envolvidas com a política daquela época como viram o episódio da Hungria. No que diz respeito às visões conservadoras sobre o levante, apesar de várias tentativas de nossa parte, não conseguimos realizar entrevistas, pois muitos já estavam mortos, outros não puderam por motivos de saúde, havendo também quem simplesmente recusasse alegando não ver relevância no assunto. Assim, deixamos claro que a ausência de entrevistas com representantes de setores não-comunistas da política brasileira daquela época não se deve a nenhuma omissão nossa ou vontade de mostrar apenas um lado. Porém, procuramos sanar esse fato, embora sem a magnitude que uma entrevista representa, apresentando as visões contidas no livro e nos artigos de jornal do jornalista pernambucano Lenildo Tabosa Pessoa e depoimentos de húngaros radicados no Brasil, com destaque ao de Pierre Farkasfalvy, que muito nos ajudou na realização deste trabalho.

Há ainda algo que precisamos esclarecer ao leitor, pois, quando tratamos do marxismo brasileiro citamos algumas das entrevistas que realizamos com antigos membros do PCB. Elas figuraram ali, pois nos ajudam em grande medida a contar a história do partido. No entanto, o que pretendemos abordar aqui não é mais o impacto do levante húngaro sobre o PCB, mas sim as opiniões daqueles que entrevistamos.

VISÕES DA MILITÂNCIA COMUNISTA

Realizamos entrevistas com três ex-membros do PCB: Jacob Gorender, Armênio Guedes e Evaristo Giovannetti Netto. Os dois primeiros estavam nas fileiras do PCB na época em que ocorreu o levante húngaro, e algo que enriquece seus relatos é o fato de já se contarem cerca de 50 anos do levante, o que permite uma leitura mais crítica dos acontecimentos. Já Giovannetti Netto entrou para o partido muito depois, na década de 1980, porém, seu relato é muito pertinente, pois nos conta como anos depois esse episódio era encarado pela direção partidária.

Em meio a essas entrevistas, percebemos fortes críticas ao PCB e à forma como se estruturava o movimento comunista. Jacob Gorender, ao tratar da repercussão do XX Congresso do PCUS, deixa bastante explícita a sua crítica.

> [...] veio da URSS Diógenes de Arruda, delegado brasileiro no Congresso. Ele esteve lá e confirmou que o relatório era verdadeiro. Aí foi um Deus nos acuda, pois, no Comitê Central logo se estabeleceu uma grande discussão, uma vez que os métodos utilizados aqui pelo Comitê Central eram stalinistas, a começar pelo próprio Arruda, não eram diferentes dos usados na URSS. *Só que aqui não se fuzilava ninguém. Por sorte, o partido não estava no poder, porque se chegasse ao poder, nós teríamos no Brasil com aquela direção, naquela época, fatos semelhantes aos que ocorreram na Polônia, na URSS, na Hungria e outros países do Leste Europeu, que era dominado pela URSS.* Mas como não ocorreu, a coisa aqui ficou na discussão, cindiu o Comitê Central, e enfim, provocou várias conseqüências posteriores, mudou a linha política, então o Congresso foi em 56 e a repercussão aqui se deu mais em 57, 58. (Jacob Gorender, entrevista realizada em 30 de agosto de 2005). (Grifo nosso.)

Gorender faz uma crítica ainda mais enfática em entrevista concedida ao jornal *O Estado de S. Paulo* ao ser indagado sobre como considera Stalin: "Um criminoso. E o que ele escreveu pode-se colocar no lixo" (Jacob Gorender, entrevista concedida ao jornal *O Estado de S. Paulo*, publicada em 19 de fevereiro de 2006).

VISÕES E REPERCUSSÕES   137

Armênio Guedes, ao comentar sobre o bloco soviético, também demonstra um descontentamento com a política moscovita:

> O que caracterizava o bloco soviético depois da guerra, com a Guerra Fria, [...] era justamente a centralização em torno da política da URSS e isso entra em choque com as características nacionais das chamadas democracias populares e os partidos que formavam esse bloco. Começou a haver divergência. E essas divergências, como é evidente quando o Khrushchev faz a denúncia do stalinismo e do culto da personalidade, tinham como um todo a política soviética, que tinha como justificativa a Guerra Fria. (Armênio Guedes, entrevista realizada em 11 de agosto de 2005).

Percebemos aqui que há indubitavelmente uma crítica à política de grande potência da União Soviética para com os países do Leste Europeu. Porém, não percebemos nesses dois últimos relatos críticas ao comunismo. No entanto, vemos que a invasão da Hungria pela União Soviética, se não destruiu o movimento comunista internacional, como diz Hobsbawn, pelo menos deixou explícita a política soviética para com os países vizinhos, bem como os limites da desestalilinização. Todavia, mais adiante, Guedes também critica o chamado bloco ocidental:

> A Guerra Fria foi desencadeada pelo ocidente baseado em certas coisas. O início da Guerra Fria é o discurso de Churchill quando ele levanta a questão da cortina de ferro, etc., etc. Então isso é que caracterizava o bloco soviético. Não era, *tinha elementos disso*, mas não era uma união de países socialistas e solidários na base do internacionalismo proletário, eram países que tinham como centro o poder soviético. (Armênio Guedes, entrevista realizada em 11 de agosto de 2005). (Grifo nosso.)

É importantíssimo atentarmos aqui para a ressalva que Guedes faz ("tinha elementos disso"), pois contrasta bastante com o caso de Yves Montand, para quem a constatação de que o cotidiano de muitos soviéticos não correspondia com o paraíso proletário e a política de grande potência da URSS foram fatores de uma grande decepção. No caso de Armênio Guedes, isso não deixa de ser criticado, mas sua ressalva denota uma antipatia menor do que a de Montand. Relevante também o que o entrevistado diz a respeito da Guerra Fria, pois em sua concepção quem a desencadeou foi o Ocidente. Ora, anteriormente, Guedes disse que a justificativa da política soviética que ele critica era a Guerra Fria. Sendo ela desencadeada pelo Ocidente, podemos pensar, no limite, que o Ocidente teve sua parcela de culpa na política que a URSS passou a adotar em relação ao Leste Europeu, pois forneceu a justificativa para ela. Ou seja, se por um lado a URSS é passível de críticas, o Ocidente também o é.

A entrevista que realizamos com Evaristo Giovannetti Netto mostra uma crítica contundente à burocratização do chamado socialismo real.

> [...] o bloco soviético, na minha visão, embora a revolução fosse portadora de uma imagem libertadora para a classe proletária, mas na verdade ele se constituiu numa ditadura de classe também no pior sentido, numa ditadura burocrática. Então, o que tivemos não foi o triunfo da revolução, foi o triunfo da burocracia. E a burocracia é antitética pela sua própria natureza anti-revolucionária. *Se você quiser sepultar a revolução, você mantém a burocracia.* E essa crítica, já está nos primórdios da revolução. O Kropotkim já escreve algumas cartas assim para o Lenin, deixando bem claro isso. (Evaristo Giovannetti Netto, entrevista realizada em 4 de agosto de 2005). (Grifo nosso.)

Percebemos pela fala de Evaristo, assim como pela de Guedes, um grande descontentamento com a URSS e sua política. Fica aqui novamente claro que a crítica não é ao comunismo em si, mas à forma como ele era estruturado com a URSS à frente do processo. Givannetti Netto critica a burocratização por ser ela entrave à revolução, ou seja, a revolução seria algo desejável, mas a burocracia a impedia de triunfar. Mais adiante, exprime sua visão sobre o caminho que as coisas tomaram posteriormente:

> Hoje você tem uma visão mais clara do processo histórico, então o mito do paraíso proletário se desmancha. Você vê a própria degeneração de uma idéia que nasceu como internacionalista e se transforma em comunismo nacional. Aí você já tem um desvio fantástico da rota revolucionária. Olhando para trás vê-se que é um processo que era bem inteligível. Não causou surpresa ver a URSS desabar como um castelo de cartas. Era algo absolutamente previsível. (Evaristo Giovannetti Netto, entrevista realizada em 4 de agosto de 2005).

Novamente, não é o comunismo que está sendo contestado, mas sim os rumos que ele tomou.

Vemos também que Armênio Guedes e Jacob Gorender têm visões diferentes quanto ao caráter do movimento húngaro e do governo de Nagy.

> O próprio elementar da Hungria era a tentativa de um socialismo com democracia e isso só vai acontecer na URSS com o Gorbatchev. [...] A Hungria foi a primeira grande tentativa de ruptura com o domínio soviético alguns meses após o XX Congresso, quando é denunciado o stalinismo, o culto à personalidade, começa a se formar um governo de contestação ao controle soviético sobre o país. Dentro do próprio mecanismo do PC húngaro *aparece Nagy e se forma com ele um grupo que tinha idéias de um caminho, de um socialismo diferente que não o caminho autoritário e totalitário da URSS.* (Armênio Guedes, entrevista realizada em 11 de agosto de 2005). (Grifo nosso.)

VISÕES E REPERCUSSÕES   139

Nagy, colocado à testa do governo, logo começou a manobrar com outros aliados e com apoio da população para retirar a Hungria do domínio soviético, para deslocá-la para o Ocidente, para o bloco ocidental: França, Alemanha Ocidental, Inglaterra. Para isso, ele tinha o apoio da população. (Jacob Gorender, entrevista realizada em 30 de agosto de 2005).

Nessas duas falas estão presentes justamente os dois rumos que na época eram conjeturados para a Hungria. Quando Imre Nagy assumiu o governo, havia tanto no movimento comunista quanto fora dele quem acreditasse que Nagy seguiria os passos de Tito na Iugoslávia, constituindo um regime socialista independente da URSS; e havia quem considerasse que ocorreria um alinhamento da Hungria ao chamado bloco ocidental, com o fim do regime socialista ali implantado. No entanto, nem uma coisa nem outra aconteceu, pois, como vimos, a Hungria foi invadida pela URSS e János Kádár foi colocado à testa do governo. Há também na fala de Gorender algo que contrasta com as versões oficiais veiculadas pela imprensa comunista, pois reconhece que Nagy tinha apoio da população.

Jacob Gorender, apesar de afirmar que Nagy e seus aliados manobravam para deslocar a Hungria para o Ocidente, não deixa de demonstrar seu descontentamento com a intervenção soviética.

> Eu acompanhei o locutor de Budapeste falando em inglês, que eu conseguia entender, irradiou até o fim, a tomada de Budapeste pelas tropas soviéticas. Era algo dramático. Ele falava: "Apelo às potências democráticas que venham em apoio à Hungria democrática, estamos sendo atacados. Não temos tempo a perder. Estamos resistindo, mas se não tivermos apoio externo sucumbiremos". *Então, era uma coisa realmente trágica. E eu acompanhei isso pela rádio, até que cessou. Até que o locutor cessou de falar. Estava consumada a tragédia da Hungria.* [...] Isso foi então o que aconteceu com relação à Hungria. Foi onde houve a maior resistência. Houve uma tentativa viável de se afastar a Hungria do bloco soviético. Na Polônia também houve grande luta, mas na Hungria foi maior. (Jacob Gorender, entrevista realizada em 30 de agosto de 2005). (Grifo nosso.)

Está claro que o que causou perplexidade em todo movimento comunista foi a truculência com a qual a URSS tratou do levante húngaro. O possível deslocamento da Hungria para o Ocidente foi um argumento sobre o qual se apoiou a tese da "contra-revolução". Porém, isso não deixou nosso entrevistado menos sensibilizado com a intervenção soviética na Hungria, como está bem claro nessa fala.

Armênio Guedes nos relata que já no início da década de 1950, antes mesmo do levante húngaro, chegou a ser afastado da direção do

Comitê Central por discordar de posições da direção do partido, consideradas por ele sectárias.

> Eu volto da URSS e participei aqui de cursos do partido. Eu era do Comitê Central dessa época, saí do Congresso de 54, eu fui afastado da direção do Comitê Central para o qual eu fui eleito, porque achavam que eu tinha posições que não concordavam muito com essas posições duras do partido, essas posições sectárias. Eu fiquei um pouco à margem da direção do partido, um pouco discriminado. Eu e outras pessoas como nós tínhamos uma visão um pouco diferente do processo político do Brasil e também já tínhamos contestado um pouco (quando isso começou eu estava em Moscou). *Começamos a divergir de certas posições soviéticas e de tomar a URSS como paradigma para tudo* (Armênio Guedes, entrevista realizada em 11 de agosto de 2005). (Grifo nosso.)

A passagem de Giovannetti Netto pelo PCB é muito posterior ao levante húngaro. Porém, estudou a *Revista Brasiliense*, revelando ser o levante húngaro e o XX Congresso do PCUS verdadeiros tabus, mesmo com a mudança da linha política do partido em 1958.

> A minha tese de doutorado foi sobre a *Revista Brasiliense*, então eu peguei o período dos anos 50 até 64 e não existe nenhuma reflexão a respeito disso. *Existe um silêncio ignominioso com relação às grandes questões como a Revolução Húngara, o XX Congresso, do qual se fala muito pouco*. E isso era uma revista mantida por comunistas de certa forma e com algumas colaborações alheias ao partido. Mas, era uma revista de esquerda, nacionalista. No entanto, ela não aborda essas questões. Ela faz uma rápida referência, assim com um medo de discutir. Isso é apanágio do partido. (Evaristo Giovannetti Netto, entrevista realizada em 4 de agosto de 2005). (Grifo nosso.)

Mesmo tendo se passado cinqüenta anos, Jacob Gorender faz uma importante reflexão sobre a importância que teve a atuação do movimento comunista:

> Como ainda me considero marxista, fico à vontade para criticar. [...] a luta que travei, com tantas outras pessoas que sofreram até mais do que eu, permitiu ao capitalismo se tornar mais flexível, mais democrático e menos opressivo. Obrigou-o a fazer concessões. Fez com que ele deixasse de ser tão selvagem para se humanizar. Antes não havia legislação trabalhista, o operário ganhava uma miséria, não havia férias remuneradas e todos esses direitos conquistados ao longo do tempo. Nossa luta também contribuiu para que um número maior de pessoas estudasse. Cometemos erros, experimentamos sacrifícios, mas não foi em vão. *O mundo hoje é cheio de defeitos. Mas, sem os marxistas, seria pior.* (Jacob Gorender, entrevista concedida ao jornal *O Estado de S. Paulo*, publicada em 19 de fevereiro de 2006). (Grifo nosso.)

VISÕES E REPERCUSSÕES   141

Esses depoimentos nos dão uma idéia da complexidade que as opiniões sobre o levante húngaro possuem dentro do movimento comunista. Isso nos leva a concluir que as divergências são muito mais do que simplesmente ser contra ou a favor da intervenção soviética, passando por questões mais profundas como diferentes concepções sobre como deveria ser o socialismo, o internacionalismo proletário, a burocratização das chamadas democracias populares, diferentes visões sobre o contexto geopolítico da Guerra Fria, a democracia no chamado socialismo real, sendo muitas dessas questões oriundas do debate político dos anos 1950.

VISÕES NÃO-COMUNISTAS SOBRE O LEVANTE HÚNGARO

Um relato importante de um dos muitos modos como o levante húngaro foi sentido no Brasil nos é dado por Pierre Faskasfalvy, imigrante húngaro radicado no Brasil, saído da Hungria após a Segunda Guerra Mundial. Segundo Farkasfalvy, em sua autobiografia (ainda no prelo), ao eclodir a rebelião em Budapeste, houve uma campanha para arrecadar sangue para os húngaros. As notícias da Hungria chegavam por diversos jornais e revistas, que ele fazia questão de comprar. Um dos pontos de coleta de sangue para ser enviado à Hungria era o Forte de Copacabana. Apesar de ser uma autobiografia, o texto encontra-se em terceira pessoa.

> Quando soube que a guarnição do Forte de Copacabana estava doando sangue aos lutadores húngaros, procurou seu comandante, o major Brilhante. Explicou que queria receber qualquer instrução militar rápida que lhe permitisse participar da resistência na Hungria. Apesar de demonstrar muita simpatia, o major explicou a impossibilidade de atender ao seu pedido. "Não podemos dar instrução militar a civis, sejam brasileiros ou estrangeiros". Apresentou-o aos outros oficiais e os convidou para almoçar com eles no Forte". (Farkasfalvy, pp. 246-7, no prelo).

Posteriormente, Lenildo Tabosa Pessoa publicou no jornal *O Estado de S. Paulo*, em 1966, uma série de artigos sobre o levante húngaro, pouco antes de publicar o seu livro *A revolução popular*.

> Além de seu significado político, contudo, a revolução popular húngara tem também um significado moral e acreditamos não exagerar afirmando que este é hoje, dez anos depois, ainda maior do que nos dramáticos dias dos fins de outubro e princípios de novembro de 1956. O mundo comunista está passando inegavelmente por um processo de transformação para o qual muito contribuiu a revolução húngara, embora não tenha sido ela sua causa única. [...] a famosa "liberalização" do mundo comunista, não raro apresentada, erroneamente, como um autêntico processo de democratização tolerado, quando não encorajado pelos próprios regimes impostos pela União

Soviética aos países da Europa Oriental. A verdade é que a "liberalização" se processa independentemente e contra a vontade de tais regimes, que, inclusive, não poupam esforços para freá-la. (*O Estado de S. Paulo*, 23 de outubro de 1966).

Pierre Farkasfalvy, anos depois de Pessoa, faz uma leitura parecida com a do jornalista, pois considera o levante húngaro como um marco importante na desagregação do chamado bloco socialista.

O desespero do povo estourou em 1956, quando enfrentou durante semanas numa luta desigual com os tanques russos, popularizando mundialmente o coquetel Molotov. Muitos observadores da política internacional consideraram na época que a Revolução Popular de 56 da Hungria era o começo do fim do Comunismo Internacional. E os fatos atuais estão confirmando essa tese. O sistema comunista hoje está mortalmente ferido no mundo inteiro. Quem não quer enxergar essa verdade são os velhos stalinistas. Estão com a mesma tola esperança dos nazistas no fim da última guerra: as armas secretas vão reverter a situação. (*O Município*, 21 de março de 1990).

Anos mais tarde, Farkasfalvy mantém a mesma visão:

[...] Foi nesse dia, há quarenta e cinco anos que o Império Soviético começou a desmoronar. Um pequeno país milenar, a Hungria, rebelou-se contra a sua tirania e o regime de terror estabelecido por seus asseclas, o governo comunista húngaro. [...] A revolução húngara, apesar de perder sua luta pela liberdade, causou a primeira ferida no corpo do gigante soviético, ferida nunca curada completamente. Por isso não devemos esquecê-la, lembrando a data: 23 de Outubro de 1956 e festejá-la, da mesma forma como festejamos as datas da revolução constitucionalista de São Paulo, 9 de Julho e 23 de Maio. (*O Município*, 31 de outubro de 2001).

Pessoa, em *A revolução popular*, ironiza o processo de autocrítica que o levante húngaro e o XX Congresso do PCUS desencadearam no movimento comunista. Ao comentar uma declaração de Kádár, que dizia que os insurretos de 1956 não combatiam o socialismo, mas sim os erros do passado e o culto à personalidade, Pessoa diz:

Mas então por que interveio a União Soviética? Para defender os "erros do passado" e o "culto da personalidade", ou em outras palavras, para mostrar que continua tão stalinista depois do XX Congresso do PCUS quanto o era antes? O mundo civilizado e as pessoas capazes de raciocinar com a própria cabeça, em vez de repetirem "slogans" e frases feitas, esperam ainda, dez anos depois da revolução popular, uma explicação convincente. Enquanto ela não for dada, será muito difícil aos comunistas provarem que os ideais de independência nacional e autodeterminação dos povos por eles pregados não são apenas instrumentos de uma campanha desonesta, destinada a enganar o povo e a submetê-lo à impiedosa tirania do PC e aos interesses imperialistas de uma potência estrangeira que não hesita em empregar as próprias forças contra populações indefesas para sufocar qualquer sentimento de independência. (1966, pp. 154-5).

Uma importante visão não-comunista nos é dada pelo depoimento de Ivan Endreffy, húngaro radicado no Brasil, trazido à luz pelo jornal *O Estado de S. Paulo*. Endreffy participou do levante em 1956, conseguindo sair da prisão devido ao fato de o diretor simpatizar com os insurretos.

Acompanhávamos com grande interesse a Rádio Europa Livre dos Estados Unidos [...]. Essa emissora nos encorajava a resistir ao comunismo, mas quando o fizemos fomos abandonados [...]. A Hungria jamais perdoará isso. (Ivan Endreffy, entrevista concedida ao jornal *O Estado de S. Paulo*, 23 de outubro de 1996).

Pessoa logo no início do livro faz uma dedicatória a Nagy, pois, mesmo considerando-o um comunista, diz que o ex-primeiro-mininistro húngaro ficou do lado de seu povo no momento decisivo. Porém, mesmo assim, dirige críticas a Nagy:

Nagy pode ser considerado, sem dúvida, um comunista diferente dos outros, enquanto tentou pôr em prática, pelo menos nos últimos anos de sua vida, um comunismo que não esquece o homem e tentou dar aos "slogans" comunistas sobre independência e autodeterminação dos povos um sentido não puramente tático e propagandístico. Mesmo porém, quando ele se revela um moralista ou defende sua pátria e seu povo, suas tomadas de posição são marcadas por uma ambigüidade que torna evidente sua formação comunista e sua fidelidade até os últimos momentos de sua vida política ao marxismo-leninismo. (1966, p. 68).

Nicolas Boér, conhecido jornalista de *O Estado de S. Paulo* na época, escreve o *Prefácio* do livro de Pessoa, no qual faz enormes elogios ao autor, além de afirmar que os comunistas fora do poder têm uma postura "dialogante", que se extingue quando chegam a ele, sendo substituída por um autoritarismo.

O patriotismo brasileiro de Lenildo Tabosa Pessoa consiste justamente nas amplas perspectivas históricas que oferece à nossa juventude, igualmente generosa, espontânea e amante da liberdade, para que ela possa fazer as necessárias comparações entre diversos contextos históricos, programas de libertação e ideologias da emancipação do homem e das nações, pois, na falta perspectivas seremos levados a nivelar o que está próximo e o que está distante, aumentando e exagerando os nossos problemas e diminuindo, senão desprezando, os alheios. É nessas perspectivas que podemos fazer a distinção necessária e vital entre o comunismo "dialogante" de antes da tomada do poder e o comunismo inquisitorial de depois de instalado no poder. É uma parte essencial da "conscientização" o conhecimento da realidade internacional para a liderança, no Brasil e no Hemisfério, cujos destinos estão nas mãos da juventude universitária. (Boér, in Pessoa 1966, p. XIV).

O jornalista Nicolas Boér foi motivo de uma discussão travada entre Pierre Farkasfalvy e Manoel de Assumpção Ribeiro no jornal *Gazeta de São João* de São João da Boa Vista, interior do Estado de São Paulo. Assumpção Ribeiro era então articulista do referido jornal. Em um texto publicado em 22 de julho de 1987, o articulista demonstra-se partidário de idéia do levante húngaro como contra-revolução, além de fazer duras críticas a Boér.

Há 75 anos, o Estadão [jornal *O Estado de S. Paulo*]combate o Socialismo. Para reforçar seu time, importa até porta-vozes estrangeiros, como o falecido Nicolas Boer [sic], fugido da Hungria. Essa sumidade que foi sacerdote-professor, jornalista e doutor, deveria estar envolvido no fracassado levante húngaro do Cardeal Mindizansty [sic]. Também aqui no Brasil, onde logo arranjou emprego no Estadão, no anonimato de "Notas e Informações", Boer deu seus ensinamentos. Ele era muito preocupado com os tempos difíceis do presidente João Goulart. Um entusiasta do golpe de 64 e também muito preocupado com a "traição à República de Março" e com a situação criada pela "nova República". Isso sem falar no quanto deve ter "envenenado" a opinião pública brasileira em matéria de política internacional." (Ribeiro, *Gazeta de São João*, 22 de julho de 1987).

Pierre Farkasfalvy, imigrante húngaro e morador da mesma cidade, escreveu um artigo contestando as opiniões de Assumpção Ribeiro:

O Sr. Assunção [sic] infelizmente gosta de escrever sobre assuntos internacionais com pouco conhecimento. Além disso, ele usa óculos. Mas não óculos comuns. Ele usa óculos vermelhos. [...] Não vou defender o Estadão. Quem o conhece sabe que ele não combate o Socialismo, mas o Comunismo, o que é bem diferente. Esse comunismo que oprime as idéias, as pessoas e as nações. Quanto a pessoa de Nicolas Boer que tive o prazer e a honra de conhecer, ele realmente fugiu da Hungria como eu e milhões de húngaros e outras nacionalidades, que não suportaram as delícias do paraíso vermelho. Porém, não foi importado pelo Estadão, foi descoberto aqui mesmo, o que é muito diferente. Não estava envolvido na Revolução Húngara. E o cardeal? Primeiramente, o saudoso cardeal chamava-se MINDSZENTY. O Sr. Assunção deveria pelo menos saber o nome das pessoas sobre as quais divaga. Ele já chamou Daladier de "Deladier", Chamberlain de "Champerlain", a Eritréia de "Euritréia", os Camarões de "Camarães", etc. [...] o Levante Húngaro fracassou como diz o Sr. Assunção? Fracassou quase da mesma forma que a gloriosa Revolução Constitucionalista aqui no Brasil. [...] escrevi essas linhas para lavar a honra dos

VISÕES E REPERCUSSÕES   145

filhos de um povo sofrido, que não merece as palavras maldosas do Sr. Assunção. E mesmo que não consegui "envenenar a opinião pública brasileira" como Nicolas Boer segundo seu articulista, talvez consegui esclarecer alguns Sãojoanenses de uma realidade histórica que nenhum comunista conseguiria falsificar. (*Gazeta de São João*, 7 de novembro de 1987).

Lenildo Tabosa Pessoa sintetiza sua preferência pelo capitalismo em detrimento do comunismo da seguinte forma:

> O capitalismo que se tem em vista, contudo, é o do século passado, cujos abusos foram justamente denunciados por Marx, e não se tem coragem, como seria de esperar de quem pretende apontar caminhos para as sociedades políticas, de reconhecer que o capitalismo de nossos dias já não é o mesmo do século XIX e que embora os capitalistas de hoje sejam tão ambiciosos e gananciosos como os do século passado – porque essa é uma característica humana, mais do que do sistema econômico – suas ambições são controladas e neutralizadas pelas legislações sociais dos países verdadeiramente democráticos. (1966, pp.159-61).

CONSIDERAÇÕES FINAIS

As críticas à intervenção soviética tanto por parte da militância comunista, do mesmo modo que as não-comunistas podem em muitos casos parecer semelhantes. De ambos os lados há críticas à forma como o chamado bloco oriental se organizava, críticas à intervenção soviética são também uma constante. A passagem de Lenildo Tabosa Pessoa na qual ele questiona se a intervenção soviética na Hungria foi escrita "para mostrar que continua tão stalinista depois do XX Congresso do PCUS quanto o era antes", por exemplo, pelo menos até essa parte, é algo que poderia ter sido dito por um comunista decepcionado com a ação da URSS, como foi o caso de muitos. Da mesma forma, a fala de Jacob Gorender de que "por sorte o partido não estava no poder" também é algo possível de ser dito por um não-comunista. Sendo assim, o que difere essas críticas?

Vimos nas repercussões internacionais que o levante húngaro de 1956 provocou abalos diferentes na intelectualidade ligada ao movimento comunista. Sartre, por exemplo, rompeu com o PCF. Já Hobsbawn, por outro lado, permaneceu no partido, embora reconheça que considerou a hipótese de se desligar do PC britânico. Isso, porém, não o impediu de perceber que o movimento comunista estava passando por uma crise grave. Da análise dos diferentes modos como essa intelectualidade lidou com o problema concluímos que o que ocorreu não foi um terremoto ou um abalo no movimento, mas sim vários terremotos e abalos vivenciados e sentidos em diferentes graus de intensidade por esses intelectuais, assim como pelo próprio movimento, vide as posições do PCF e do PCI.

Quanto ao marxismo brasileiro, pudemos notar que no movimento comunista a crise foi intensa, a ponto de a própria direção procurar cessar por todos os meios a discussão na imprensa. O artigo de João Batista de Lima e Silva que vimos é emblemático quanto às divergências entre Comitês Regionais e as suas opiniões. Devemos ainda lembrar que o levante ocorreu em outubro de 1956 e as discussões no PCB em torno dessa crise se prolongaram até março de 1958, quando o partido muda sua linha política na chamada *Declaração de Março*. Isso, porém, apesar da revogação dos mandatos de prisão preventiva, fez com que a crise se estendesse, pois diversas lideranças não concordavam com a nova linha, ocasionando a cisão de 1962, que deu origem ao PCdoB. Além disso, vimos que, mesmo na intelectualidade, a crise desencadeada em 1956 também teve reflexos, sendo as críticas de Guerreiro Ramos a Jacob Gorender e a Lukács, por exemplo, reflexo do aumento da imagem negativa dos comunistas perante setores da intelectualidade.

Ademais, os *Seminários de Marx*, iniciados cerca de dois anos após o levante, foram uma tentativa de se compreender melhor o marxismo sem o "bê-a-bá do stalinismo teórico". Marcos Del Roio considera que uma das conseqüências da "grave crise de 1956-57" (2000, p. 85) foi uma maior difusão do marxismo, ou seja, gerou a necessidade de se entender melhor a obra de Marx. Foi justamente nesse contexto que surgiram os *Seminários de Marx*. Nessa ocasião, justamente Lukács e Sartre, intelectuais ligados ao comunismo e que se colocaram ao lado dos insurretos, passaram a ter grande aceitação, conforme relata Fernando Henrique Cardoso (2003, p. 17).

Na imprensa comunista dessa época ficou nítido que além de tratar o levante húngaro como uma contra-revolução, por mais de um mês houve um silêncio quase absoluto em relação ao que ocorria. Isso só se rompe com a Resolução do Comitê Central do PCB sobre a situação da Hungria e com a carta de Prestes na qual condena veementemente o modo como as discussões estavam se processando. Paralelamente, o artigo de João Batista de Lima e Silva trouxe à tona o quanto o partido estava dividido. Interessante notar aqui que mesmo os mais autocríticos, como Lima e Silva, não contestavam a idéia da contra-revolução, mas, de modo semelhante ao PCI, consideravam ser importante fazer um balanço dos erros cometidos e que propiciaram o surgimento de um movimento de tal natureza na Hungria.

Na grande imprensa, o levante ganhou as páginas dos principais jornais, tornando-se o assunto do momento. Para a grande imprensa, como não poderia ser diferente no contexto daquela época, a crise de 1956 teve um papel fundamental para fomentar sentimentos anticomunistas. Toda a cobertura dada ao levante, o envio de David Nasser a Budapeste, o destaque dado ao Honvéd quando de sua passagem pelo Brasil tiveram essa função.

Dentre as visões da militância comunista, ficou claro que apesar das diferentes interpretações, todos sentiram os efeitos da crise. Não é por outra razão que há unanimidade ao condenarem a intervenção soviética. Porém, pudemos notar que condenar a intervenção soviética não significa que o comunismo estivesse sendo criticado. Importante nesse sentido nos foi o relato de Armênio Guedes. Em sua concepção, o chamado bloco soviético, apesar de ter elementos disso, não era uma união solidária de países socialistas devido à política autoritária da URSS, que tinha como justificativa a Guerra Fria, desencadeada em sua visão pelo ocidente. Importante também é a reflexão de Gorender sobre o papel que os comunistas tiveram. Em sua visão, com todos os erros que possam ter cometido, tiveram um papel significativo para que hoje o capitalismo não seja totalmente selvagem. Além disso, não podemos nos esquecer do quanto é significativa a afirmação de Jacob Gorender, que por ainda se considerar marxista, está em posição de criticar os erros do movimento comunista.

Também não podemos nos esquecer das visões não-comunistas sobre o levante. Nessa parte, vale relembrarmos o argumento de Lenildo Tabosa Pessoa de que o capitalismo daquela época não era mais o capitalismo selvagem criticado por Marx, pois os países verdadeiramente democráticos tinham legislações trabalhistas que regulavam as ambições dos capitalistas, que em sua visão não eram assim devido ao sistema, mas por ser isso uma característica humana. Isso lembra à primeira vista o argumento de Gorender, pois este considera também que o capitalismo se humanizou e não é tão selvagem quanto foi no passado. Porém, ao passo que Gorender afirma isso para dizer que foi graças às lutas dos comunistas que o capitalismo teve que se modificar, Pessoa usa esse argumento para justificar o capitalismo, que em sua visão é capaz de sanar os problemas sociais, sem realizar modificações profundas na sociedade. Também vale atentarmos para o fato de que, mesmo defendendo pontos de vista distintos, Pessoa e Guedes consideram Nagy um comunista, enquanto para Gorender, Nagy queria desviar a Hungria para o chamado bloco ocidental.

NOTAS

[1] A chamada teoria da dependência tem, com razão, muitos críticos e se encontra bastante desacreditada, com seus dualismos: centro e periferia; desenvolvimento e subdesenvolvimento; progresso e atraso etc. O terceiro-mundismo, teoria muito em voga nos anos 1960, hoje é completamente esquecido. Para uma visão mais aprofundada sobre a posição chamada de "periferia" do capitalismo recorrer às obras de Fernando Henrique Cardoso (1964 e 2003) e Roberto Schwarz (2000). Ambos os autores participaram no final dos anos 1950 e início dos anos 1960 dos chamados Seminários de Marx, que reuniam alguns alunos e professores assistentes da Universidade de São Paulo para a leitura de *O capital*.

[2] Guy Mollet nasceu em Flers em 1905, sendo membro da resistência à ocupação nazista na França na Segunda Guerra Mundial. Foi posteriormente deputado socialista e prefeito de Arras. Foi primeiro-ministro de fevereiro de 1956 a maio de 1957. Depois foi ainda ministro do governo de De Gaulle (1958-1959). Morreu em Paris em 1975.

[3] As designações "esquerda" e "direita" têm suas origens na Revolução Francesa. Em determinado momento do ciclo revolucionário, os jacobinos, que se sentavam à esquerda na Assembléia Nacional reivindicavam mudanças políticas, econômicas e sociais profundas. Os girondinos, que se sentavam à direita reivindicavam mudanças com menor profundidade que as reivindicadas pelos jacobinos. Assim, convencionou-se chamar de "esquerda" aqueles que reivindicam transformações sociais de grande vulto e de "direita" aqueles com posições políticas que podem ser vistas como mais conservadoras. Porém, esses termos hoje, tendo em vista as enormes mudanças no cenário internacional, particularmente após a queda do muro de Berlim em 1989, encontram-se em desuso.

[4] Claude Roy nasceu em Paris em 1915. Romancista, jornalista e poeta, publicou uma autobiografia em 1985 com o nome de *Permissão de morada*. Em 1991, ainda estava ativo, publicando *La cour de Rácréation*.

[5] Roger Vailland nasceu em Acyen-Multien em 1907 e morreu em Meillonas em 1965. Foi romancista, membro da Resistência e fundador da revista surrealista *Le Grand Jeu* e autor da peça teatral *Monsieur Jean*.

[6] Jacques Prévert nasceu em Neuilly-sur-Siene em 1900 e morreu em Omonville-la-Petite, Mancha, em 1977. Poeta, teve vários de seus poemas musicados, escrevendo também roteiros cinematográficos.

[7] O reformismo nasce no final do século XIX, como uma corrente dentro do socialismo que defendia que deveriam ser usados métodos pacíficos para se atingir o socialismo. Assim, a partir da transformação do próprio capitalismo, não haveria a necessidade de uma revolução armada. Consideram que é possível promover mudanças a partir das instituições existentes, sem ser necessário para isso uma convulsão social. (Turner, Reformismo, in Bottomore e Outhwaite, 1996).

[8] Os revolucionários advogam que mudanças de grande vulto, indispensáveis para a transformação social, são impossíveis com as instituições existentes, o que torna urgente ir além delas, mediante uma revolução violenta. (Wrong, Radicalismo, in Bottomore e Outhwaite, 1996).

[9] Astrojildo Pereira nasceu em Rio Bonito – RJ, foi diretor do jornal *O Debate* em 1917, participou de greves operárias no Rio de Janeiro em 1918, e em 1922 foi membro fundador e primeiro secretário-geral do PCB. Foi também crítico literário, sendo preso pelo regime militar em 1964. Porém pouco tempo depois foi posto em liberdade. Morreu em 1965 no Rio de Janeiro.

[10] Otávio Brandão Rego nasceu em Viçosa – AL em 1896. Formou-se farmacêutico pela Universidade Federal do Recife e foi colaborador de jornais anarquistas. Em 1922, filiou-se ao PCB rompendo com o anarquismo. Foi vereador no Rio de Janeiro duas vezes (1928 e 1947). Foi preso no governo Vargas e teve de viver na clandestinidade entre 1948 e 1958 e depois, a partir de 1964, durante o regime militar. Faleceu no Rio de Janeiro em 1980.

[11] A Internacional Comunista, III Internacional ou Komintern, foi fundada em Moscou em 1919. Seu objetivo era promover a criação e organização centralizada de partidos comunistas no mundo inteiro, propagar o comunismo mesmo que na clandestinidade. Era uma espécie de instância superior à qual se filiavam partidos comunistas do mundo inteiro, subordinando-se às suas rígidas diretrizes.

[12] A social-democracia tem suas origens nos movimentos da classe trabalhadora do século XIX. Não existe um fundador da social-democracia, ela surgiu como uma tendência no meio das lutas sociais, caracterizando-se por métodos não-violentos e principalmente pela via parlamentar, ou seja, participando de eleições. O fato de não propor uma ruptura com o capitalismo, mas sim uma transformação dele com vistas a resolver os grandes problemas sociais, garantiu à social-democracia êxito eleitoral em diversos países. (Apter, Social-Democracia, in Bottomore e Outhwaite, 1996, p. 694).

VISÕES E REPERCUSSÕES   149

[13] Diógenes Alves de Arruda Câmara nasceu em Recife em 1914, filho de uma tradicional família de senhores de engenho. Ingressou em 1934 no PCB e, em 1936, era ao mesmo tempo funcionário do Ministério do Trabalho e membro do Comitê Regional da Bahia do PCB. Arruda foi preso em 1940 junto com outros dirigentes do Comitê Regional da Bahia, sendo solto um ano depois. Foi eleito deputado federal por São Paulo pelo Partido Social Progressista (PSP) em 1947. Em 1957, em meio à crise gerada pelo levante húngaro e pelo XX Congresso do PCUS, Arruda foi afastado da direção do Comitê Central do PCB. Apesar de não fazer parte do grupo que fundou o PCdoB em 1962, Arruda posteriormente se desligou do PCB, tornando-se um dos principais dirigentes do PCdoB. Preso pelo regime militar em 1968, foi libertado em 1972. Exilado desde então, retornou ao Brasil em 1979 com a lei da anistia, morrendo um mês depois (vebete: Diógenes Arruda Câmara, in Abreu; Beloch; Lattman-Weltman; Lamarão, 2001.)

[14] Mário Alves nasceu na Bahia em 1923, onde conheceu Jacob Gorender. Ingressou em 1938 no PCB. Em 1946 foi eleito para o C.R. do PCB da Bahia, fugindo para o Rio de Janeiro em 1947 devido à cassação do registro do partido. Em 1953, participou dos cursos do PCUS na URSS e em 1954 tornou-se membro do C.C. do PCB. Alves discordava da idéia de aliança com a burguesia nacional e defendia uma união de operários e camponeses. Foi preso em 1964 e libertado um ano depois. Com a cisão interna do partido em 1968, participa com Jacob Gorender da criação do Partido Comunista Brasileiro Revolucionário (PCBR). Em 1970, Mário Alves foi preso e torturado até a morte pelo regime militar. Em 1987, a União reconheceu a responsabilidade civil pela sua morte (Filgueiras, *Mário Alves, o guerreiro da grande batalha*).

[15] Maurício Grabóis nasceu na Bahia em 1912. Foi filiado ao PCB, sendo preso em 1941 e libertado em 1942. Foi eleito deputado federal em 1946, participou da constituinte daquele ano, tendo seu mandato cassado em 1947. Foi expulso do Comitê Central do PCB no V Congresso Nacional do Partido, sendo expulso do partido em 1960. Foi um dos fundadores do PCdoB em 1962. Nos anos 1970 participou da guerrilha do Araguaia, sendo considerado morto desde 1974, embora não se saiba o local de sua morte (verbete: Maurício Grabóis, *Grande Enciclopédia Larousse Cultural*, 1998).

[16] O revisionismo surge no debate político marxista em finais do século XIX, em meio à II Internacional entrando em voga, especialmente com os artigos de Eduard Bernstein, escritos entre 1896 e 1898. O termo revisionismo alude a reavaliações e reformulações críticas das idéias de Marx. Com o fim da Segunda Guerra Mundial e o triunfo do bolchevismo na URSS, a denominação "revisionista" tornou-se algo ofensivo no interior do movimento comunista internacional. (Bottomore, Revisionismo, in Bottomore e Outhwaite, 1996, p. 662).

[17] A chamada era Gorbatchev foi marcada por profundas transformações na URSS, que influíram em todos os países sob a hegemonia desse país. Gorbatchev sucedeu Tchernenko em 1985 como secretário-geral do PCUS. Iniciou duas grandes reformas: a *perestróica*, que reestruturava radicalmente a economia soviética, abrindo-a para o capital estrangeiro (por essa época, por exemplo, abriram-se as primeiras lojas do McDonalds na URSS, o que seria inimaginável vinte anos antes); e a *glasnost*, que significou uma maior democratização do país. Em 1989, caiu o muro de Berlim e a Alemanha foi reunificada. Em 1991, após uma tentativa de golpe, Gorbatchev foi reconduzido ao poder, sendo logo depois extinta a URSS e criada a Comunidade de Estados Independentes (CEI), que reúne as ex-repúblicas soviéticas, com exceção de Estônia, Letônia e Lituânia.

[18] Franz Paulo da Mata Heilborn, vulgo Paulo Francis, nasceu no Rio de Janeiro em 1930. Foi um dos fundadores do jornal *O Pasquim* em 1969. Mudou-se para Nova York em 1971 e, em 1975, tornou-se correspondente do jornal *Folha de S.Paulo* naquela cidade. Foi em Nova York comentarista da Rede Globo, tornando-se com isso uma pessoa conhecida no Brasil inteiro por meio dos telejornais, além de escrever comentários também para *O Estado de S. Paulo*. Paulo Francis também foi romancista, autor entre outras obras de *Cabeça de papel* (1977) e *Filhas do segundo sexo* (em 1982). Faleceu em 1997 em Nova York. (verbete: Paulo Francis, *Grande Enciclopédia Larousse Cultural*, 1998.).

FONTES E BIBLIOGRAFIA

PRIMEIRO E SEGUNDO CAPÍTULOS

ACZÉL, Tamás, Méray, Tibor. *Tisztító vihar.* Londres: Big Ben Publishing, 1961.

ARKHIV PREZIDENTA ROSSIISKOI FEDERATSII (APRF), Moscou, fundo 3.

COURTOIS, Stéphane e outros. *A kommuniszmus fekete könyve.* Budapeste: Nagyvilág, 2001.

FEJTÖ, François. *A History of the People's Democracies:* eastern europe since Stalin. Harmondsworth: Penguin Books, 1977.

FILMINTÉZET, Magyar. *Játékfilmek 1931-1997.* Budapest: Magyar Filmintézet, 1998

GOSUDARSTVENNOE NAUCHNOE IZDATEL'STVO "SOVETSKAYA ENTSIKLOPEDIYA". *Sovetskaya Istoricheskaya Entsiklopediya.* Moscou: "Sovetskaya Entsiklopediya", 1961-1976, 16v.

GOSZTONYI, Péter. *A magyar golgota.* Budapeste: Szazszorszép, 1993.

HEMINGWAY, Ernest. *Por quem os sinos dobram.* Rio de Janeiro: Bertrand Brasil, 2004.

HOENSCH, Jörg K. *A history of modern Hungary 1867-1994.* Londres: Longman, 1996.

HUNGARIAN COMMITTEE. *Facts about Hungary:* a compilation. New York: Hungarian Committee, 1959.

IRVING, David. *Uprising!* Bullsbrook (Austrália): Veritas Publishing Company Pty. 1986.

KHRUSHCHEV, Nikita. *Memórias.* Rio de Janeiro: Artenova, 1971, 2v.

KISZELY, Gábor. *Állambiztonság 1956-1990.* Budapeste: Korona, 2001.

KORÁNYI, Tamás G. (org.). *Egy népfelkelés dokumentumaiból – 1956.* Budapeste: Tudositások Kiadó, 1989.

MÉRAY, Tibor. *Thirteen Days that Shook the Kremlin.* Londres: Thames and Hudson, 1958.

_____. *Nagy Imre élete és halála.* Budapeste: Bibliotéka Kladó, 1989.

MEZHDUNARODNYI FOND "DEMOKRATIYA" (Fond Aleksandra N. Yakovleva). Acessado em <www.idf.ru>.

MIKES, George. *The Hungarian Revolution.* London: Andre Deutsch, 1957.

MINDSZENTY, Jozsef. *Emlékirataim.* Toronto: Vörösváry, 1974.

MONTGOMERY, John Flournoy. *Hungria:* satélite contra a vontade. São Paulo: Edusp, 1999.

PALOCZI-HORVATH, George. *Khrushchev.* Lisboa: Ulisseia, 1964.

PÜNKÖSTI, Árpád. *Rákosi bukása, száműzetése és halála.* Budapeset : Európa, 2001.

RADIO SVOBODA. *XX S'esd - Sorok Let Spustya (peredacha desyataya).* Praga: RFE/RL, 2005. Acessado em <www.svoboda.org/programs/cicles/XX/xx_10.asp>.

RAINER, M. János. *Nagy Imre – politikai életrajz 1896-1953*. Budapeste: 1956-os Intézet, 1996.

_____. *Nagy Imre – politikai életrajz 1953-1958*. Budapeste: 1956-os Intézet, 1999.

RIPP, Zoltán. *1956 – Forradalom és szabadságharc Magyarországon*. Budapeste: Korona Kiadó, 2002.

ROMSICS, Ignác. *Magyarország története a XX. században*. Budapeste: Osiris Kiadó, 1999.

ROSSIISKII GOSUDARSTVENNYI ARKHIV NOVEISHEI ISTORII (RGANI), Moscou, fundo 3.

SEGRILLO, Angelo. *O declínio da URSS*: um estudo das causas. Rio de Janeiro: Record, 2000b.

O fim da URSS e a nova Rússia. Petrópolis: Vozes, 2000a.

_____. *Rússia e Brasil em transformação*: uma breve história dos partidos russos e brasileiros na democratização política. Rio de Janeiro: 7Letras, 2005.

TÓBIÁS, Áron. *In memoriam Nagy Imre – emlékezés egy miniszterelnökre*. Debrecen: Szabad Tér Kiadó, 1989.

TERCEIRO CAPÍTULO

ANAIS DA CÂMARA DOS DEPUTADOS. Rio de Janeiro: Serviço Gráfico do Instituto Brasileiro de Geografia Estatística, 1956, sessões de 14, 16, 17 e 19 de novembro de 1956.

ANAIS DO SENADO. Rio de Janeiro: Diretoria de publicações, mês de novembro de 1956.

ABREU, A. A.; BELOCH, I; LATTMAN-WELTMAN, F.; LAMARÃO, S. T. N., *Dicionário histórico-biográfico brasileiro*. Rio de Janeiro: Editora FGV, 2001.

BATALHA, C. H. M. A difusão do marxismo e os socialistas brasileiros na virada do século XIX. In: MORAES, J. Q. *História do marxismo no Brasil*. v. II, Os influxos teóricos. Campinas: Editora da Unicamp, 1995.

BOTTOMORE, T.; OUTHWAITE, W. *Dicionário do pensamento social do século XX*. Rio de Janeiro: Jorge Zahar, 1996.

CARDOSO, F. H. *Empresário industrial e desenvolvimento econômico*. São Paulo: Difusão Européia, 1964.

_____. *Capitalismo e escravidão no Brasil meridional*. Rio de Janeiro: Civilização Brasileira, 2003.

CARONE, E. *O PCB*. São Paulo: Difel, 1982.

DEL ROIO, M. A teoria da revolução brasileira: tentativa de particularização de uma revolução burguesa em processo. In: MORAES, J. Q.; DEL ROIO, M. *História do marxismo no Brasil*. v. IV, Visões do Brasil. Campinas: Editora da Unicamp, 2000.

DICIONÁRIO HISTÓRICO-BIOGRÁFICO BRASILEIRO: 1930-1983. São Paulo: Forense-Universitária, 1985.

ESTUDOS SOCIAIS. Rio de Janeiro, Publicação independente dirigida por Astrojildo Pereira, s/d.

FAORO, R. *Os donos do poder*: formação do patronato político brasileiro. Rio de Janeiro/Porto Alegre/São Paulo: Globo, 1958.

FARKASFALVY, P. *Para um sonho virar realidade*: mil aventuras – mil e um amores (no prelo).

FILGUEIRAS, O. *Mário Alves, o guerreiro da grande batalha*. Acessado em <http://www.acaopopularsocialista.org.br/artigos/104.htm>.

FOGARASI, B. As concepções filosóficas de Gyorgy Lukács. *Problemas da paz e do socialismo*. Rio de Janeiro: s/n, 4 jun. 1959.

FREDERICO, C. A presença de Lukács na política cultural do PCB e na universidade. In: MORAES, J. Q. *História do marxismo no Brasil*. v. II, Os influxos teóricos. Campinas: Editora da Unicamp, 1995.

GORENDER, J. Correntes sociológicas no Brasil. In: RAMOS, A. G. *A redução sociológica*. 3. ed. Rio de Janeiro: Editora da UFRJ, 1996.

GRANDE ENCICLOPÉDIA LAROUSSE CULTURAL. São Paulo: Nova Cultural, 1998.

HOBSBAWN, E. J. *Era dos extremos*: o breve século XX (1914-1991). São Paulo: Companhia das Letras, 2001.

_____. *Tempos interessantes*: uma vida no século XX. São Paulo: Companhia das Letras, 2002.

HOUAISS, A.; VILLAR, M. S.; FRANCO, F. M. M. *Dicionário Houaiss da língua portuguesa*. Rio de Janeiro: Objetiva, 2001.

JUNIOR, C. P. *Formação do Brasil contemporâneo*. São Paulo: Martins, 1942.

LUKÁCS, G. O irracionalismo, fenômeno internacional do período imperialista. *Estudos Sociais,* mar.-abr. 1959.

_____. Carta sobre o stalinismo. *Estudos Sociais,* fev. 1964.

NOVAIS, F. A. *Portugal e Brasil na crise do antigo sistema colonial.* 6. ed. São Paulo: Hucitec, 1995.

PESSOA, L. T. *A revolução popular:* operários, estudantes e intelectuais contra o imperialismo. Caruaru: Livraria e Tipografia Estudantil, 1966.

PROBLEMAS DA PAZ E DO SOCIALISMO. Rio de Janeiro: s/n. (Edição em português de *Problemas de la paz y del socialismo.* Praga, CS: Ediciones Paz y Socialismo, 1959).

RAMOS, A. G. *A redução sociológica.* 3. ed. Rio de Janeiro: Editora da UFRJ, 1996.

RIDENTI, M.; REIS FILHO, D. A. *História do marxismo no Brasil.* v. V, Partidos e organizações dos anos 20 aos 60. Campinas: Editora da Unicamp, 2002.

SCHWARZ, R. *Ao vencedor as batatas.* São Paulo: Duas Cidades/Editora 34, 2000.

SZIGETI, J. Relação entre as idéias políticas e filosóficas de Lukács. *Estudos Sociais,* mar.-abr. 1959.

TODD, O. *Albert Camus:* uma vida. Rio de Janeiro/São Paulo: Record, 1998.

TOLEDO, C. N. *ISEB:* fábrica de ideologias. São Paulo: Ática, 1982.

_____. Intelectuais do ISEB: esquerda e marxismo. In: MORAES, J. Q. *História do marxismo no Brasil.* v. III – Interpretações e teorias. Campinas: Editora da Unicamp, 1998

VERÍSSIMO, L. F. Cami. *O Estado de S. Paulo.* São Paulo, Caderno 2/Cultura, 5 jun. 2005, p. D16.

HAMON, H. e ROTMAN, P. *Você vê, eu não me esqueci:* a vida de Yves Montand. São Paulo: Siciliano, 1993.

WINOCK, M. *O século dos intelectuais.* Rio de Janeiro: Bertrand Brasil, 2000.

SITES

www.pcb.org.br/historia_N.html

www.vermelho.org.br/pcdob/80anos/docshists/1963.asp

JORNAIS E REVISTAS CONSULTADOS

A Realidade

A Voz Operária

Correio da Manhã

Folha da Tarde

Folha de S.Paulo

Gazeta Húngara

Gazeta de São João

Manchete

O Cruzeiro

O Estado de S. Paulo

O Globo

Última Hora

ANEXO 1:
A INVASÃO DA HUNGRIA

Angelo Segrillo

ÍNTEGRA DOS RASCUNHOS DAS ATAS DAS REUNIÕES DO
PRESIDIUM SOVIÉTICO QUE DECIDIRAM SOBRE A INVASÃO
DA HUNGRIA

Após a dissolução da URSS, vários dos antigos arquivos secretos
soviéticos foram liberados para pesquisadores ao longo da última década.
De especial importância para o tema do livro foram as anotações dos
rascunhos das atas das reuniões do Presidium do PCUS quando foram
tomadas as decisões de outubro/novembro sobre a Hungria, como a do
dia 31 de outubro. em que a invasão foi decretada. Essas anotações foram
feitas por V. N. Malin, chefe da seção protocolar do Comitê Central. As
anotações de Malin são os únicos documentos escritos remanescentes de
várias dessas reuniões secretas e encontram-se atualmente no RGANI
(*Rossiiskii Gosudarstvennyi Arkhiv Noveishei Istorii* – "Arquivo Estatal de
História Contemporânea da Rússia"). Os outros documentos liberados e
citados neste livro encontram-se depositados ou no RGANI ou no APRF
(*Arkhiv Prezidenta Rossiiskoi Federatsii* – "Arquivo Presidencial da Federação
Russa"). O Fundo Internacional "Democracia" (*Mezhdunarodnyi Fond
"Demokratiya"*) (também conhecido como Fundo Alexandre Yakovlev)
está realizando um trabalho de digitalização de parte desses antigos arquivos
secretos e disponibilizando-os em <www.idf.ru>.

A citação arquivística nos documentos seguintes será feita na forma padrão
russa: sigla do arquivo, F. (*Fond*, "Fundo"), Op. (*Opis'*, "Série"), D. (*Delo*,

"Dossiê"), L. (*List*, "Folha"). A abreviatura "*ob.*" significa *oborotnaya storona lista* ("verso da folha"). Exemplo: RGANI, F. 3, Op. 12, D. 1006, L. 4-4ob.

AVISOS

O estilo resumido, cortado, "telegráfico" da linguagem na tradução reflete fielmente o original dos rascunhos de Malin. Por motivo de espaço, foi colocada uma barra inclinada (/) para designar mudança de linha no documento original. Indicamos também o número de cada folha ou página do original em colchetes.

ATA DA REUNIÃO DO PRESIDIUM DO CC DO PCUS

A seguir está o rascunho da ata da reunião do Presidium do Comitê Central do Partido Comunista da União Soviética de 23 de outubro, no primeiro dia em que estourou a rebelião. Note-se que o reflexo inicial de quase toda a liderança soviética foi enviar as tropas soviéticas estacionadas no país a Budapeste, para sufocar as desordens no nascedouro. A única exceção foi Mikoyan, que preferia deixar os próprios húngaros resolver o problema e também era pelo retorno de Nagy ao governo.

23 de outubro de 1956

[folha 4] **Presentes**: Bulganin, Kaganovich, Mikoyan, Molotov, Pervukhin, Khrushchev, Suslov, Brezhnev, Zhukov, Furtseva, Shepilov.

Sobre a situação em Budapeste e na Hungria em geral
(camaradas Zhukov, Bulganin, Khrushchev)
Informação do **camarada Zhukov**: Protesto de 100 mil pessoas em Budapeste. /A estação de rádio foi queimada / Em Debrecen, os prédios do Comitê regional do partido e do Ministério do Interior foram tomados.
Camarada Khrushchev opina pelo envio de tropas a Budapeste.
Camarada Bulganin considera correta a sugestão do camarada Khrushchev: enviar tropas.
Camarada Mikoyan: Sem Nagy não haverá controle do movimento. / Sairá mais barato para nós./ Mostra dúvidas quanto ao envio de tropas: O que perdemos? / Os húngaros podem com suas próprias mãos restabelecer a ordem./ Se enviarmos tropas, estragaremos as coisas./ É preciso primeiro experimentar medidas políticas/ e somente depois enviar tropas.

ANEXO 1   157

Camarada Molotov: Pelas mãos de Nagy/ a Hungria se desestabilizará. Sou pelo envio de tropas.

Camarada Kaganovich: Está ocorrendo uma tentativa de derrubada/ de governo. Não há comparação com a Polônia./ Sou pelo envio de tropas.

[folha 4 verso] **Camarada Pervukhin:** É preciso enviar tropas.

Camarada Zhukov: Há diferença com a Polônia./ É preciso enviar tropas e um/ dos membros do Presidium do CC./ É necessário declarar estado marcial no país/ e toque de recolher.

Camarada Suslov: A situação é diferente da Polônia./ É preciso enviar tropas.

Camarada Saburov: É preciso enviar tropas/ para manutenção da ordem.

Camarada Shepilov: A favor do envio de tropas.

Camarada Kirichenko: A favor do envio de tropas./ Enviar a Budapeste os camaradas Malinin e Serov.

Camarada Khrushchev: É preciso atrair Nagy para a atividade/ política. Mas por enquanto/ não deve ser feito chefe do governo./ A Budapeste voarão os camaradas Mikoyan e Suslov.

RGANI, F. 3, Op. 12, D. 1006, L. 4-4ob. Assinatura de V. N. Malin., a caneta.

ATA DA REUNIÃO DO PRESIDIUM DO CC DO PCUS (SOBRE O PONTO I DA ATA 49)

Aqui o rascunho da ata da reunião do Presidium soviético no dia 30 de outubro, o mesmo dia em que a liderança húngara estabeleceu um governo multipartidário no país. Note-se que nesse dia a liderança soviética ainda demonstra não somente apoio ao governo húngaro para que resolva seus próprios problemas internos, sem interferência, mas também prepara a famosa Declaração Sobre as Relações entre Países Socialistas, em que admite não apenas iniciar negociações para retirada das tropas soviéticas da Hungria como também estabelecer as relações entre a URSS e os outros países socialistas com base na igualdade de direitos.

30 de outubro de 1956

[folha 7] **Presentes:** Bulganin, Voroshilov, Molotov, Kaganovich, Saburov, Brezhnev, Zhukov, Shepilov, Shvernik, Furtseva, Pospelov.

Sobre a situação na Hungria / Avaliam-se as informações dos camaradas Mikoyan e Serov.

Camarada Zhukov informa sobre a concentração de aviões aerotransportadores na região de Viena. / Nagy está fazendo um jogo duplo (na opinião de Malinin) / Enviar o camarada Konev a Budapeste.

[folha 8] **Sobre as conversações com os camaradas chineses.**

(Khrushchev) / É preciso fazer hoje a Declaração sobre a saída de tropas/ das repúblicas populares (discutir/ essa questão na sessão do Pacto de Varsóvia)/ levando em consideração a opinião do país específico em que/ nossas tropas se encontram./ Esta é a posição de todo o Politburo do CC do Partido Comunista da China. / Um documento para os húngaros;/ outro para os participantes do Pacto de Varsóvia.

[folha 8 verso] Sobre Rokossovskii, disse a Gomulka/ que isso era problema de vocês (polacos).

Camarada Bulganin: Os camaradas chineses não têm uma noção correta/ de nossas relações/ com as repúblicas democráticas./ Preparar nossa mensagem aos húngaros./ Preparar a Declaração.

Camarada Molotov: Redigir hoje a mensagem/ ao povo húngaro, para imediatamente entabular/ negociações sobre a retirada de tropas./ Mas há o Pacto de Varsóvia./ É preciso discutir com os outros./ Sobre a opinião dos camaradas chineses:/ Eles sugerem construir as relações com os países/ do campo socialista na base dos [cinco princípios de convivência pacífica] *Pancha Sila*. / Um padrão para as relações entre governos e outro para as relações entre partidos.

[folha 9] **Camarada Voroshilov:** É preciso olhar à frente. A Declaração deve ser redigida de tal forma/ que não sejamos colocados em situação difícil./ Não é justo ficar criticando a nós mesmos.

Camarada Kaganovich: *Pancha Sila* / mas não acho que eles sugeriram construir nossas relações/ na base de *Pancha Sila*. / Dois documentos: mensagem aos húngaros/ e Declaração./ Nesse documento não precisa fazer/ autocrítica. / Diferença entre as relações governamentais e partidárias.

Camarada Shepilov: Ao longo dos acontecimentos apareceu/ a crise das nossas relações com as repúblicas democráticas. / Atitudes anti-soviéticas estão se tornando comuns./ É preciso pôr a nu as causas profundas.

[folha 9 verso] As bases continuam sólidas./ É preciso afastar os elementos de mandonismo./ Não deixar influenciar na dada situação./ É preciso tomar uma série de medidas no que concerne às nossas relações./ A Declaração é o primeiro passo./ Não é necessária uma mensagem aos húngaros./ Sobre as forças armadas: nós somos a favor/ do princípio da não-intervenção./ Com a concordância do governo da Hungria/ nós poderemos retirar as tropas./ É preciso travar uma longa batalha/ contra o nacional-comunismo.

Camarada Zhukov: Estou de acordo com os pontos de vista/ do camarada Shepilov./ O principal é resolver o problema da Hungria./ As atitudes anti-soviéticas se generalizaram./ É preciso tirar as tropas de Budapeste/ e mesmo da Hungria, se necessário./ Essa é uma lição para nós no plano político-militar.

[folha 10] **Camarada Zhukov**: Sobre as tropas na República Democrática Alemã e na Polônia,/ a questão é mais séria. É preciso discutir no Conselho Consultivo./ Convocar o Conselho Consultivo./ Não sei onde isso vai parar se insistirmos mais./ O principal é anunciar hoje uma decisão breve.

Camarada Furtseva: Devemos redigir uma Declaração geral,/ mas não uma mensagem aos húngaros. Nada atravancado./ Em segundo lugar, é importante para a situação interna/ reexaminar as relações/ com as repúblicas democráticas. É preciso convocar uma reunião plenária do CC/ para discutir as relações (encontros) com as lideranças das repúblicas democráticas.

[folha 10 verso] **Camarada Saburov**: Estou de acordo em relação/ à Declaração e à retirada das tropas./ No XX Congresso fizemos uma boa coisa, mas depois/ não lideramos as iniciativas despertadas nas massas./ Não se pode governar contra a vontade do povo./ Não estivemos à altura/ dos princípios leninistas de liderança. Podemos acabar/ na rabeira dos acontecimentos. Estou de acordo com a camarada Furtseva./ Os ministros, membros do CC/ perguntam. Sobre a Romênia, eles nos devem/ 5 bilhões de rublos por propriedades/ que o próprio povo criou./ É preciso mudar as relações./ As relações devem ser constituídas na base da igualdade.

Camarada Khrushchev: Unânime./ Na primeira fase, emitir a Declaração.

[folha 11] **Camarada Khrushchev** informa sobre a conversa/ com o camarada Mikoyan:/ Kadar está se portando bem./ Cinco dos seis estão se portando bem./ Há disputa sobre a retirada das tropas/ dentro do Presidium. O ministro da Defesa deu ordem/ para as forças armadas reprimirem os insurretos no prédio do cinema./ (Malinin, pelo visto, ficou nervoso e saiu da sala)/ Os funcionários dos órgãos de segurança (húngaros)/ estão com as nossas tropas.

[folha 12] **Discussão do projeto de Declaração**. (Shepilov, Molotov, Bulganin)

Camarada Bulganin: Explicar como/ surgiu a questão da Declaração./ Página 2, parágrafo 2: não suavizar a autocrítica./ Foram cometidos erros./ Muito se empregam "princípios leninistas".

160 HUNGRIA 1956

Camarada Khrushchev concorda: Dizer/ que nós nos orientamos pelos princípios leninistas./ Página 2, parágrafo 5: Dizer:/ fazer declaração, não explicação./ Página 3: falar sobre igualdade econômica./ Fazer disso o principal./ Dizer que na maioria dos países não há tropas./ Dizer que no território dos estados húngaro, romeno e polonês.

[folha 12 verso] isso se faz com a concordância de seus governos/ e no interesse desses governos e povos./ Exprimir a relação com o governo da Hungria./ Apoiar suas medidas./ [Falar] sobre o apoio ao partido e ao CC do PTH e ao governo./ Mencionar Nagy e Kadar.

Camarada Kaganovich, camarada Molotov, camarada Zhukov: Mencionar o acordo de Potsdam/ e os acordos com cada país.

Camaradas Zhukov: Exprimir solidariedade ao povo./ Conclamamos a interrupção do banho de sangue./ Página 2, parágrafo 2: dizer que o XX Congresso condenou/ a depreciação da igualdade de direitos.

[folha 13] **Informação do camarada Yudin sobre as negociações com os camaradas/ chineses.**

Qual a situação? A Hungria sairá/ do nosso campo? Quem é esse Nagy?/ Pode-se confiar nele?/ Sobre os conselheiros.

[folha 14] **Camarada Zhukov:** falar da economia. A *perestroika* depois do XX Congresso se tornou mais lenta.

Camarada Khrushchev: Nós nos dirigimos aos países membros/ do Pacto de Varsóvia para discutir a questão/ dos conselheiros: estamos prontos para recolhê-los de volta./ Redigir. Enviar, pelo transmissor de alta freqüência, aos camaradas Mikoyan e Suslov. [...]

RGANI, F. 3, Op. 12, D. 1006, L. 7-14. Assinatura de V. N. Malin. A lápis.

ATA DA REUNIÃO DO PRESIDIUM DO CC DO PCUS (SOBRE O PONTO VI DA ATA 49)

Aqui o rascunho da ata da reunião do Presidium soviético de 31 de outubro em que Khrushchev, mudando completamente a decisão tomada no dia anterior, convence seus colegas a determinar a invasão da Hungria e instalar lá um novo governo. A ata mostra que, para liderar esse novo governo húngaro, Kádár era apenas a segunda opção dos líderes soviéticos, sendo a primeira Ferenc Münnich (ex-ministro do Interior). Os antigos líderes húngaros Rákosi, Hegedüs e Gerö, agora exilados na Rússia, estão presentes na reunião.

31 de outubro de 1956

[folha 18] **Informação sobre as conversações com Gomulka sobre a situação na Polônia e na Hungria.**

(Khrushchev) O assunto foi o encontro com o camarada Gomulka/ em Brest sobre a Hungria.

Camarada Khrushchev descreve seu pensamento:/ É preciso alterar a avaliação./ Não retirar as tropas de Budapeste e da Hungria/ e tomar a iniciativa de restabelecer a ordem na Hungria./ Se sairmos da Hungria,/ isso vai encorajar os imperialistas americanos, ingleses/ e franceses./ Eles perceberão isso como fraqueza nossa/ e tomarão a ofensiva./ Então nós estaremos demonstrando a fraqueza da nossa posição.

[folha 18 verso] Nosso partido não nos compreenderá./ Para eles, além do Egito, adicionaremos a Hungria./ Não temos escolha./ Se esse ponto de vista/ tiver apoio, for compartilhado/ então precisamos pensar em como agir./

(de acordo: camaradas Zhukov, Bulganin, Molotov, Kaganovich, Voroshilov, Saburov.)

Dizer que nós tentamos um compromisso,/ mas agora não há governo./ Que linha seguiremos agora?/ Criar um governo revolucionário provisório/ chefiado por Kádár./ Aliás, melhor, como vice./ Münnich como primeiro-ministro, ministro da defesa e do Interior./ Convidar o governo atual/ para negociações sobre a retirada das tropas/ e resolver a questão./ Se Nagy concordar, podemos deixá-lo como vice-primeiro-ministro./ O Münnich se dirige a nós oficialmente com um pedido/ de ajuda, nós prestamos ajuda/ e restabelecemos a ordem.

[folha 17] Conversar com Tito./ Informar os camaradas chineses,/ tchecos, romenos, búlgaros./ Não haverá grande guerra.

Camarada Saburov: Depois do dia de ontem,/ de qualquer jeito é bobagem. Nossa decisão dá razão à Otan.

Molotov: Nossa decisão de ontem não tinha firmeza.

Camarada Zhukov,

Voroshilov,

Bulganin:

Descartar a opinião de que nós/ mudamos de posição.

[folha 17 verso] **Camarada Furtseva:** o que fazer daqui para frente?/ Mostramos paciência, mas agora foi longe/ demais. É preciso agir de modo que a vitória/ esteja de nosso lado.

Camarada Pospelov: Utilizar o argumento/ que não permitiremos o sufocamento do socialismo na Hungria.

162 HUNGRIA 1956

Camarada Shvernik: está correta a sugestão/ do camarada Khrushchev.

Camarada Molotov: Não adiar a criação/ dos órgãos locais. Entrar em ação ao mesmo tempo/ no centro e nas regiões.

O camarada Zhukov deve estabelecer o plano e comunicar-nos./ Shepilov, Brezhnev, Furtseva, Pospelov/ cuidam do lado da propaganda./ Deve ser feita uma mensagem do comando/ ou do governo ao povo./ Um anúncio ao povo do governo revolucionário provisório./ Ordem do camarada Konev.

[folha 16] Enviar um grupo ao quartel-general do camarada Konev.

Camarada Rákosi: Sou pelo Münnich (como *premier*).

Camarada Hegedüs: idem.

Camarada Gerö: idem.

Apro, Kadar, Karoly Kiss, Boldoczki, Horvath.

[folha 15] **Sobre as conversações com Tito.**

(camaradas Khrushchev, Molotov, Bulganin)

Redigir telegrama a Tito sobre o encontro./ Para Brest ir: Khrushchev, Molotov, Malenkov./ Para Iugoslávia: Khrushchev, Malenkov./

Para a discussão do que se passa na Hungria./ Como se posicionam? Se concordam, nossa delegação/ viajará incógnita/ dia 1/11 à noite, dia 2/12 pela manhã no horário de vocês./ Confirmar o telegrama com o embaixador soviético em Belgrado.

RGANI, F. 3, Op. 12, D. 1006, L. 15-18ob. Assinatura de V. N. Malin. A lápis.

ATA DA REUNIÃO DO PRESIDIUM DO CC DO PCUS COM A PARTICIPAÇÃO DE J. KÁDÁR, F. MÜNNICH E I. BATA.

Aqui o rascunho da ata da reunião do Presidium soviético de 2 de novembro, em que estão presentes os húngaros trazidos a Moscou: János Kádár, Ferenc Münnich (ex-ministro do Interior) e o general István Bata (ex-ministro da Defesa). Note-se que a dessecretização da ata dessa reunião mostra que, na verdade, Kádár argumentou contra uma intervenção armada soviética, Münnich ficou algo "em cima do muro" e Bata foi a favor. Sendo "voto vencido", Kádár, na reunião seguinte, no dia 3 de novembro, aceitaria a decisão da invasão e aceitaria também ser primeiro-ministro do novo governo (posto que inicialmente, como vimos na ata da reunião do Presidium no dia 31 de outubro, os soviéticos pretendiam dar a Münnich). A ata da reunião de 3 de novembro está em RGANI, *F. 3, Op. 12, D. 1006, L. 31-33ob.*

2 de novembro de 1956

[folha 23] **presentes**: Bulganin, Voroshilov, Kaganovich, Mikoyan, Molotov, Saburov, Suslov, Brezhnev.
mais camaradas Münnich, Kadar e Bata.
Troca de opiniões sobre a situação na Hungria.
[**Kadar:**] Avaliação./ A *intelligentsia* está na cabeça,/ os opositores estão do lado de Nagy./ Na liderança dos grupos armados / membros do partido./ Dudás, engenheiro. / Quando acabou a revolta, conversamos/ com os rebeldes./ Eram trabalhadores/ os líderes dos grupos. / Eles vieram ao governo de coalizão./ Eles não queriam isso./ Queriam o afastamento da camarilha de Rákosi.
[folha 23 verso] Eles lutaram pela saída das tropas,/ pela construção de uma democracia popular./ Na periferia houve protestos em massa./ Eles não tinham como objetivo destruir/ a estrutura da democracia popular./ Havia muitas exigências de democratização/ e exigências sociais./ Inicialmente nós não notamos isso./ Nós os qualificamos como contra-revolucionários/ e os viramos contra nós./ Eles não se viam/ como contra-revolucionários./ Eu estive presente pessoalmente em uma das reuniões./ Ali ninguém queria a contra-revolução./ Quando eles conversaram com os líderes dos grupos armados / dentro desses grupos/ foram se formando grupos armados/ de caráter contra-revolucionário./ É preciso dizer que todos exigiam a saída/ das tropas soviéticas./ Não ficava claro de que maneira./ Os contra-revolucionários conseguiram espalhar essa propaganda contra-revolucionária.
[folha 24] Greve, exigência de retirada das tropas / Vamos passar fome, mas as tropas têm que sair./ Ontem houve uma conferência./ Já falavam da Declaração/ do governo soviético e Declaração de neutralidade./ Disseram: voltemos ao trabalho./ Mas aí começou o movimento das tropas soviéticas./ As notícias se espalharam rápido./ Não se levará em conta a autoridade do governo/ devido ao seu caráter de coalizão./ Todas as forças políticas concentram seus esforços na recriação/ de seus partidos. Cada um quer trazer o poder para suas próprias/ mãos. Isso diminui ainda mais a autoridade/ do governo./ Nisso se destacam os social-democratas.
[folha 24 verso] Guardaram um lugar para os social-democratas/ no gabinete./ Mas eles não quiseram nomear seu ministro./ Isso quer dizer que eles

não querem se solidarizar com Nagy./ Existe um elemento contra-revolucionário na política de Nagy. / Os soldados soltaram o cardeal Mindszenty./ Os austríacos apóiam uma organização fascista húngara/ na Alemanha Ocidental com 35 mil horthistas./ Um elo fraco: o PTH deixou de existir:/ uma parte pereceu (funcionários), parte salvou-se./ 1/3 dos líderes dos comitês regionais do partido/ participam dos comitês revolucionários (distritais, regionais)./ As organizações de base estão destroçadas./ Em 1/11 ao meio-dia o ponto de vista/ no governo era que necessitava-se/ entrar em conversação com o governo soviético/ e, em determinado tempo, promover a retirada das tropas./ Mas a coisa é incerta. / Os partidos da coalizão não querem/ a contra-revolução./ Tildy e os outros camaradas temem Ferenc Nagy./ Também temem os emigrados./ Tildy teme Kovács,/ mas ele é melhor que Tildy e inteligente.

[folha 25] Kovács declarou em Pécs: nós formaremos um partido/ de pequenos proprietários rurais, mas não podemos levar a luta com o antigo programa./ Ele é contra a volta dos latifundiários e capitalistas./ Mas eles não fazem exigências/ que têm apelo ao povo./ A cada hora que passa a situação caminha mais para a direita./ Duas perguntas:/ 1) sobre a decisão do governo sobre a neutralidade;/ 2) do partido./ Como nasceu a decisão sobre a neutralidade?/ Uma forte impressão foi a retirada organizada/ das tropas./ A Declaração fez uma boa impressão/ e acalmou as coisas./ Mas as massas, tensas, reagiram incisivamente.

[folha 25 verso] Houve movimentos das tropas soviéticas/ que perturbaram/ o governo e as massas./ O governo faz uma coisa, e as tropas outra./ Comunicaram que as tropas soviéticas atravessaram a fronteira/ nos veículos. As unidades húngaras se entrincheiraram./ O que fazer: atirar ou não?/ Convocaram Andropov. Andropov disse/ que aqueles eram trabalhadores ferroviários./ Da fronteira telegrafaram à Hungria/ que não eram ferroviários./ Depois comunicaram que/ tanques soviéticos se movimentavam em Szolnok / Era meio-dia. No governo/ a situação era nervosa. Convocaram Andropov./ Ele respondeu que era transferência de tropas./ Depois informaram de novo:/ os tanques soviéticos cercaram os aeroportos./ Chamaram Andropov. Ele respondeu: isso é transporte de soldados feridos.

[folha 26] Nagy estava convencido de que se preparava um ataque/ a Budapeste. Tildy pediu que os tanques/ húngaros viessem ao Parlamento./ No exército, o Conselho revolucionário, Maleter, Kovacs, Kiraly, não se subordinam ao governo./ Eles não querem ministros ruins./ Todo o governo tendia/ à posição de que, se as tropas se movimentassem/ a Budapeste, então deveria-se defender Budapeste./ Nesse clima nasceu a idéia/ da neutralidade./ A iniciativa foi de Zoltan Tildy/ Todos apoiaram/ Eu defendi que/ não se deveria dar nenhum passo/ sem falar com Andropov.

[folha 26 verso] Com exceção de Kádár, todo o gabinete anunciou/ que o governo soviético/ estava enganando o governo húngaro./ Adiaram por duas horas./ A explicação do governo soviético/ não os acalmou. Comunicaram a Andropov/ que eles davam aquele passo./ Quando Andropov saiu, eles deram/ o passo da neutralidade/ e decidiram a questão sobre a comunicação à ONU./ Se tudo fosse apenas manobras, então retirariam a questão da ONU./ Quando Andropov, saiu então ele, Kádár, também votou pela neutralidade./ O partido mudou de nome: Partido Socialista/ dos Trabalhadores da Hungria (a denominação de 1925).

[folha 27] O PTH estava comprometido/ perante as massas./ O auge da autoridade do PTH foi em 1948/ (fusão com os social-democratas)./ O caso Rajk abalou a autoridade./ Sobre o futuro./ Eu ontem votei a favor dessas duas decisões/ do governo./ Se fizerem a retirada das tropas soviéticas/ em tempo curto, em dois ou três meses (o principal é a decisão sobre a retirada das tropas) o nosso/ partido e os outros partidos poderiam lutar/ contra a contra-revolução./ Mas eu não tenho certeza da vitória. Dentro da coalizão não há unidade./ Meu ponto de vista: / se os social-democratas e o partido dos pequenos proprietários rurais/ se apresentarem com seus/ programas antigos, eles se enganam.

[folha 27 verso] O povo acredita na nacionalização e a considera/ uma coisa sua./ Se os comunistas avisarem que apóiam/ a nacionalização a autoridade dos outros partidos/ não crescerá./ Um perigo real: a contra-revolução não varreria/ esses partidos da coalizão./ Na minha opinião, há outro caminho./ Se arrasarem com força militar, derramarem sangue/ o que será depois? A estatura moral dos comunistas cairá a zero./ Haverá dano para os países socialistas./ Há garantia que a mesma situação não ocorrerá/ em outros países?

[folha 28] As forças contra-revolucionárias não são pequenas./ Mas isso é questão de disputa./ Se a ordem for restabelecida à força/ a autoridade dos países socialistas sofrerá.

Münnich:

Situação triste./ Por que gerou-se tal situação?/ Por causa do afastamento dos líderes das massas./ Há uma crença de que apenas com o apoio da URSS/ o poder se mantém./ Aí está a fonte das atitudes anti-soviéticas/ (fatos: o futebol; as transmissões de rádio)./ Na Hungria está o caos total./ Qualquer que seja o resultado: se/ as tropas forem retiradas, isso responderia/ aos anseios das massas.

[folha 28 verso] Os elementos contra-revolucionários recebem/ reforços e suas ações não são paralisadas./ Nós não temos mais forças./ Sobre o caráter militar dos acontecimentos:/ As atitudes anti-soviéticas expandem os elementos contra-revolucionários./ Há pouca certeza de que através da luta política seja obtido o controle dos acontecimentos./

Camarada Kádár: Solicitação concreta:/ manter os quadros partidários.

[folha 29] **Camarada Bata:**

Está colocada de maneira forte a questão da saída/ das tropas soviéticas./ Eles fazem tudo para que haja choque/ entre as tropas soviéticas e húngaras./ Eu fui testemunha quando o lado húngaro/ abriu fogo contra as tropas soviéticas./ Os soviéticos não responderam. Isso mesmo o mais/ disciplinado exército do mundo/ não agüentaria./ O governo, conscientemente ou não/ prepara o choque/ das tropas húngaras com as soviéticas./ É preciso restabelecer a ordem com uma ditadura militar/ e mudar a política do governo.

RGANI, F. 3, Op. 12, D. 1006, L. 23-29. Assinatura de V. N. Malin. A lápis.

ANEXO 2:
RESOLUÇÃO SOBRE A SITUAÇÃO DA HUNGRIA

Comitê Central do Partido Comunista do Brasil

Os acontecimentos ocorridos na Hungria repercutem profundamente em todo o mundo. Tentando confundir a opinião pública, os imperialistas e seus agentes procuram deturpar os fatos.

Na Hungria realizou-se uma tentativa das forças reacionárias internas, apoiadas pelos imperialistas, visando a derrubada do Poder popular e a liquidação das conquistas socialistas dos trabalhadores. Seus objetivos eram a entrega das fábricas aos capitalistas, a volta das terras dos camponeses para as mãos dos latifundiários e a liquidação da reforma agrária, a restauração dos privilégios feudais, a denúncia do Tratado de Varsóvia e a mudança na política externa da Hungria em favor do campo do imperialismo e da guerra.

Os bandos fascistas de Horthy utilizaram erros e falhas cometidos pela direção do Partido dos Trabalhadores da Hungria e pelos dirigentes do Estado Socialista, chegando a arrastar momentaneamente setores da população equivocados e descontentes.

A contra-revolução fascista, porém, fracassou na vã tentativa de fazer o povo húngaro retornar à escravidão. Monstruosos foram os crimes praticados pelos contra-revolucionários. Famílias inteiras foram arrancadas de suas camas e fuziladas, inclusive crianças. Fogueiras humanas foram ateadas em praça pública. Torturaram, enforcaram e massacraram indistintamente a população. Os operários e camponeses da Hungria derrubaram o governo capitulacionista de Imre Nagy, constituíram seu próprio governo apoiando-se na ajuda fraternal das forças soviéticas.

Foi justa e necessária a participação das tropas soviéticas na luta contra os inimigos do povo húngaro e em defesa do socialismo e da paz. Ombro a ombro, húngaros e soviéticos derramaram seu sangue por uma nobre causa. Inadmissível seria permitir-se que os imperialistas e a camarilha de Horthy, que escravizaram a Hungria por 25 anos, se apoderassem novamente do Poder, abrindo perigosa brecha no campo socialista e pondo em perigo a paz mundial.

O Comitê Central do Partido Comunista do Brasil saúda o povo húngaro e as forças soviéticas irmanados na sua luta comum contra a reação e a guerra.

Esta luta interessa aos povos dos países que, como o nosso, combatem contra o jugo opressor do imperialismo e querem a paz e a independência nacional.

O Partido Comunista do Brasil chama a classe operária, os camponeses, os estudantes, os intelectuais, os funcionários públicos, os jovens, as mulheres, enfim, todo o povo brasileiro para manifestar sua simpatia e solidariedade aos operários e camponeses da Hungria e o seu repúdio e condenação à contra-revolução fascista.

Novembro, 1956: O COMITÊ CENTRAL DO PARTIDO COMUNISTA DO BRASIL

A Voz Operária, 24 de novembro de 1956.

ANEXO 3:
O SANGUE DOS HÚNGAROS

Albert Camus

Não pertenço àqueles que querem que o povo húngaro pegue novamente em armas e inicie um novo levante condenado à repressão – observado pelo Ocidente, que não economizaria aplausos nem lágrimas cristãs, mas voltaria para casa e calçaria seus chinelos, como fazem os torcedores de futebol depois do grande jogo de domingo.

Já há um excesso de mortos no estádio e o único heroísmo possível é o próprio sangue. O sangue húngaro vale tanto para a Europa e para a liberdade que cada gota deve ser economizada.

Também não pertenço àqueles que dizem que devemos nos adequar às circunstâncias – mesmo que de modo passageiro – e aceitar o regime de terror. Esse regime de terror se intitula socialista, da mesma forma que os carrascos da inquisição se diziam cristãos.

Desejo de coração, na festa da liberdade comemorada hoje, que a resistência muda do povo húngaro persista, se fortaleça e, com o eco de nossos protestos, atinja a opinião pública internacional por meio de um boicote uníssono contra os opressores.

E se essa opinião pública é demasiado fraca e egoísta para fazer justiça a um povo mártir, se nossa voz for demasiado fraca, desejo que a resistência do povo húngaro persista até aquele momento em que o Estado contra-revolucionário desmorone sob o peso de suas contradições e mentiras no Leste.

A Hungria arrasada e aprisionada fez mais pela liberdade e verdade que qualquer outro povo do mundo nos últimos vinte anos. Muito sangue húngaro teve de ser derramado para que a sociedade ocidental, que tapa seus olhos e ouvidos, entendesse essa lição, e esse jorro de sangue já está coagulando na memória.

Somente podemos ser fiéis à Hungria nesta Europa solitária se nunca, jamais, trairmos aquilo pelo qual os combatentes húngaros deram suas vidas e nunca, jamais – nem indiretamente – justificarmos os assassinos.

É difícil manter uma postura digna diante de tantas vítimas. Mas o esforço é necessário, com nossos debates, com o acerto de nossos erros, com o incremento de nossos esforços e nossa solidariedade em uma Europa que finalmente está se unindo. Acreditamos que algo está despontando no mundo, em paralelo às forças da contradição e da morte, que querem obscurecer a história – desponta a força da vida e da persuasão, a força irresistível da ascensão do homem que chamamos de cultura e que é o fruto da livre criação e do trabalho livre.

Os trabalhadores e os intelectuais húngaros, ao lado dos quais hoje nos perfilamos impotentes, sabem de tudo isso e são eles que nos fizeram entender seu significado profundo. Assim, ao partilharmos a sua desgraça, partilhamos também sua esperança. Sua miséria, apesar de seus grilhões e de seu desterro, nos lega uma herança majestosa, que devemos fazer por merecer: a liberdade, que eles não conseguiram obter, mas que nos devolveram em um único dia!

United Nations. *Report of the special committee on the problem of Hungary.* New York, 1957 (tradução húngara, Munique, Nemzetör, 1981). Texto escrito para o primeiro aniversário da revolução, em 1957.

LISTA DE SIGLAS E ABREVIATURAS

ALN: Aliança Libertadora Nacional
APRF: Arkhiv Prezidenta Rossiiskoi Federatsii (Arquivo Presidencial da Federação Russa)
ÁVH: Államvédelmi Hatóság (Autoridade de Proteção do Estado, a polícia política do regime rakosista)
ÁVO: Állanvédelmi Osztály (Departamento de Proteção ao Estado, antecessor da ÁVH)
Cepal: Comissão Econômica para a América Latina das Nações Unidas
CC: Comitê Central
Cominform: Birô de Informação Comunista
D.: Delo (Dossiê)
F.: Fond (Fundo)
FP: Frente Popular
ISEB: Instituto Superior de Estudos Brasileiros
L.: List (Folha)
ob.: oborotnaya storona lista (verso da folha)
OP.: Opis' (Série)
PCB: Partido Comunista Brasileiro
PCBR: Partido Comunista Brasileiro Revolucionário
PCdoB: Partido Comunista do Brasil
PCF: Partido Comunista Francês
PCI: Partido Comunista Italiano
PCUS : Partido Comunista da União Soviética

PDP: Partido Democrático Popular
PNC: Partido Nacional Camponês
PPPR: Partido dos Pequenos Proprietários Rurais
PSDH: Partido Social-democrata Húngaro
PSOCH: Partido Socialista Operário Camponês da Hungria
PTH: Partido dos Trabalhadores da Hungria
RFE: Radio Free Europe
RGANI: Rossiiskii Gosudarstvennyi Arkhiv Noveishei Istorii (Arquivo Estatal de História Contemporânea da Rússia)
UDN: União Democrática Nacional

OS AUTORES

Ladislao Szabo – Em 1989, trabalhou na cobertura da mudança do regime húngaro para a *Folha de S.Paulo*. Tradutor, entre outros, de Dezsö Kostolányi e Sándor Márai. Organizou este livro devido ao seu bom conhecimento do idioma húngaro, tendo, dessa maneira, acesso direto às fontes daquele país. É professor da Universidade Presbiteriana Mackenzie, com mestrado pela mesma instituição e doutorado pela Universidade de São Paulo.

Angelo Segrillo – Doutor em História pela Universidade Federal Fluminense e mestre em Língua e Literatura russa pelo Instituto Pushkin de Moscou. É autor dos livros *O declínio da* URSS: *um estudo das causas* e *O fim da* URSS *e a nova Rússia*, entre outros.

Maria Aparecida de Aquino – Professora de História Contemporânea do Departamento de História da Faculdade de Filosofia, Letras e Ciências Humanas da Universidade de São Paulo.

Pedro Gustavo Aubert – Graduando em Ciências Sociais pela Faculdade de Filosofia, Letras e Ciências Humanas da Universidade de São Paulo.

AGRADECIMENTOS

Estamos em dívida com inúmeras pessoas que colaboraram na realização deste livro. Tentamos listá-las, mas certamente nossa memória nos trairá: Armênio Guedes, Arquivo do Estado de São Paulo; Biblioteca da Faculdade de Filosofia, Letras e Ciências Humanas (USP); Biblioteca da Fundação de Ensino Octávio Bastos, Biblioteca do Instituto de Física de São Carlos; Biblioteca Mário de Andrade; Carlos Guilherme Mota; Catalina Szabo-Thomas; Consulado Geral da Hungria, Cônsul Zsolt Maris; Embaixada da República da Hungria, embaixador József Németh e secretário Szilárd Teleki; Ede Chászár; Eva Piller; Evaristo Giovanetti Neto, Fernando Nuno, *Folha de S.Paulo*; Ildikó Sütö, pela preciosa colaboração na tradução de textos; István Jancsó; János Benyhe, ex-embaixador da República da Hungria; Joaci Pereira Furtado, József Mudrák; László Kapos; Lizzi Tirczka; Marcelo Rede, Mátyás Domokos; Mosteiro São Geraldo, *D. Ernesto Linka, O. S. B. Abade;* Nelson Ascher; *O Estado de S. Paulo*; Pierre Farkasfalvy; Rita Szücs Molenkamp; Tibor Raboczkay. A todos, nosso muito obrigado.

GRÁFICA PAYM
Tel. (011) 4392-3344
paym@terra.com.br